AF281055

# Vorwort

Mit meinem Humor, den ich gerne wieder für meine Leser*innen in den in diesem 8. Buch niedergeschriebenen Versen verpackt habe, möchte ich Sie mitnehmen in einen Kampf gegen die Ängste, die die derzeit unsicheren Zeiten mit sich bringen.

Kämpfen Sie mit Frohsinn und einem Lächeln auf den Lippen gegen den Vormarsch von rechten Populisten, die die Abschaffung der Demokratie zum Ziel haben. Kämpfen Sie mit mir gegen die Depressionen, die uns die Kriege, die Verletzung der Menschenrechte und der Klimawandel bescheren.

Diesen, für viele von uns drohenden Depressionen müssen wir uns durch Momente der Freude und Heiterkeit entgegenstellen, fällt es uns auch noch so schwer. Ich hoffe, meine gereimten Geschichten können Ihnen dabei helfen.

Alles Gute für Sie!

**Melda-Sabine Fischer im Juni 2025**

# Inhalt

## Kapitel 10 – Verse ohne Sinn

## Schlussbemerkung der Autorin

**Kontakt zur Autorin:**

**E-Mail:** Sabine_Krefeld@t-online.de
**Facebook:** Melda-Sabine Fischer
**YouTube:** Poetry_Oma Krefeld
**Instagram:** PoetryOma

*Ich führe auf Wunsch Lesungen in kleinen Kreisen, aber auch bei größeren Veranstaltungen durch.*

*Anfragen können Sie gerne per E-Mail (siehe oben) an mich richten.*

Bibliografische Information der Deutschen Nationalbibliothek: Die Deutsche Nationalbibliothek verzeichnet diese Publikation in der Deutschen Nationalbibliografie; detaillierte bibliografische Daten sind im Internet über http://dnb.dnb.de abrufbar.

1. Auflage
© 2025 Melda-Sabine Fischer
Verlag: BoD · Books on Demand GmbH,
Überseering 33, 22297 Hamburg, bod@bod.de
ISBN: 978-3-8192-8135-8

Druck: Libri Plureos GmbH, Friedensallee 273, 22763 Hamburg

# Kapitel 1

## Ausbrüche und Aussprüche

### Hier steppt der Bär…!

**Es** steppt der Bär in manchen Ländern,
oft steppt er auch in Staatsgewändern.
Dann zieht ein dümmlicher Minister
recht dilettantisch die Register.

Zum Beispiel gab es da die Maut,
die hat er letztlich arg versaut.
Für´s Fehlverhalten zahlt sodann,
wie´s immer ist, der kleine Mann.

**Es** steppt der Bär im Nachgewand,
weil er nicht seinen Nachttopf fand.
Er muss beim Suchen sich recht schinden,
doch ist der Nachttopf nicht zu finden.

Im Dunkeln tritt er ins Gefäß,
das war nicht wirklich zweckgemäß.
Nun steppt er wütend durch den Raum,
er hofft, das alles sei ein Traum.

**Die** Kuh will keine Kuh mehr sein,
viel lieber wäre sie ein Schwein.
Der Bauer ruft: „Welch ein Malheur,
ich glaube gar, hier steppt der Bär!"

**Es** steppt der Bär sehr oft an Gleisen,
er würde wirklich gern verreisen.
Doch kommt sein Zug dort niemals an,
drum schimpft er auf die Bundesbahn.

**Es** steppt der Bär am Ballermann,
dann säuft er meist so viel er kann.
Er säuft meist Tage, sogar Wochen
und hat sich dreist am Strand erbrochen.

**Auf** mancher Party steppt der Bär,
nimmt er sich von den Drogen her.
Dann steppt der Bär total im Rausch,
vergnügt sich auch im Partnertausch.

**Auch** steppt der Bär in Chatrooms Weiten,
dort kann er sehr viel Müll verbreiten.
Er chattet dort recht anonym
per ausgedachtem Pseudonym.

In Netzen, die sozial man heißt,
er ebenfalls mit Mist entgleist.
Der Bär steppt dort ganz unverhohlen
mit nazinahen Scheißparolen.

**Es** steppt der Bär beim Influencen,
sein Schwachsinn kennt dort keine Grenzen.
Er zeigt mit Filmchen ungeniert,
wie man sich sein Gesicht beschmiert.

Die Werbung zahlt noch für den Mist,
er glättet, was schon faltig ist.
Die Lippen scheinen aufgequollen,
er hätte Botox meiden sollen.

**Es** steppte einst der EURO-Bär
und nahm sich unsre DM her.
Doch denke ich ganz ungelogen,
der Bär hat uns sehr dreist betrogen.

Für 8,00 Mark gab´s ein Jägerschnitzel,
das war für mich ein Gaumenkitzel.
Für Euro 16,00 kriegst Du´s heute,
der Bär macht steppend fette Beute.

**Im** Regenwald da steppt der Bär,
nimmt er sich eine Säge her.
So wird der Wald flugs ausgeweidet,
egal, ob unser Klima leidet.

**Auf** vielen Bühnen steppt der Bär,
ihn zu erkennen ist nicht schwer.
Das Chaos tobt, wo er erscheint,
er ist des Anstands ärgster Feind.

**Nicht ganz bei Trost**

**Ein dickes Ding!**

**Als** ich grad vor dem Fenster hing,
erblickte ich „Ein dickes Ding".
Der Nachbarshund, Herrn Maiers Mops,
kackt auf den Gehweg einen Klops.

Nicht, dass Herr Maier sich flugs bückte
und einen Kacka-Beutel zückte.
Ich sah wie er schnell weiterging,
dies fand ich doch ein „Ein dickes Ding!"

**Mein** Patensohn, Sven-Kevin Schmitz,
hält jede Arbeit für nen Witz.
Die Stütze, die das Amt ihm blecht,
kommt seiner Faulheit grade recht.

„Was ich verdiene -ungelernt-
ist von der Stütze weit entfernt."
Die Haltung ist „Ein dickes Ding!"
Ich wünsche, dass man Hirn ihm bring.

**Man** avisiert mir ein Paket,
weil´s so in einer E-Mail steht.
Auf einer Nachricht war zu lesen,
ich wäre nicht daheim gewesen.

Der Hermes-Kauz, ein rechter Schlingel,
benutzte einfach nicht die Klingel,
die vorbildlich am Eingang hing.
Das ist ja wohl „Ein dickes Ding!"

**Es** stehen mit gespannten Mienen
meist lüstern hinter den Gardinen
Gestalten, die mit frohem Grinsen
und Wollust durch ihr Fernglas linsen.

So spähen sie Frau Weber aus,
die vis à vis in ihrem Haus
es morgens mit dem Postmann treibt,
wobei der Vorhang offen bleibt.

Sein „dickes Ding" will keiner sehen,
auch die nicht, die am Fenster stehen.
Drum legen sie das Fernglas nieder
und spannen dann erst abends wieder.

**Es** kam ein blauer Brief ins Haus,
verursacht durch den Schüler Klaus.
Die Eltern lasen was geschrieben
und sind nicht wirklich ruhig geblieben.

„Ein dickes Ding!" ist dieser Brief,
ist das, was Vater Egon rief.
„Die Sache ist, gar keine Frage,
für Dich, mein Sohn, die schlimmste Lage."

„Latein ´ne 5, in Deutsch ´ne 6",
ruft nun die Mutter sehr perplex,
„Dein Handy wird jetzt weggeschlossen!"
„Ein dickes Ding!", schreit Klaus verdrossen.

**Der** Papst, der mit dem Herrgott plaudert
und sehr ob seiner Zukunft zaudert,
der jammert laut und sehr erschöpft,
als hätte man ihn jäh geköpft.

„Ein dickes Ding!" rief so der Papst,
„dass Du mir diesen Job hier gabst.
Der Menschheit Tun ist wirklich heikel,
ich werde Koch in Wanne-Eickel."

**Der** Pastor rief: „Ein dickes Ding!",
als er so durch die Kirche ging.
Er hat den Augen nicht getraut,
man hat die Orgel ihm geklaut.

„**Ein** dickes Ding!" rief auch das Wiesel,
ein Kleintier aus der Glasstadt Zwiesel,
als es im Bus grad Nüsse fraß
und neben ihm ein Nilpferd saß.

**Die** Verse hier sind sehr obskur,
der Leser fragt: „Was schreibt die nur?"
„Ein dickes Ding", denk ich zuweilen,
sind diese und auch andre Zeilen.

## Beschimpfungen Teil 1

Du *Blödmann* klingt nicht sehr apart,
auch *Arschgesicht* scheint etwas hart.
Sehr unschön ist auch *Sackgesicht*,
was Gottes Schöpfung nicht entspricht.

Der Herrgott wird uns dafür tadeln,
die Schöpfung negativ zu adeln.
Auch wird er *Missgeburt* nicht schätzen,
das könnte ihn zutiefst entsetzen.

Ein *Mistkerl* für die Damenwelt
ist der, der kein Versprechen hält
und auch nicht treu zu Hause blieb,
weil er´s mit mancher *Tussi* trieb.

Als *Tussi* man die Frau betitelt,
die unbedarft und unvermittelt,
die Welt nur oberflächlich sieht,
egal, was um sie rum geschieht.

„Du *Urschel*" heißt man eine Frau,
die töricht ist und selten schlau.
Ein *Blondchen* kann im Allgemeinen
sehr klug sein und nur blöd erscheinen.

„Du *Bastard*" scheint mir gar zu krass
und zeugt von jeder Menge Hass.
Man muss das Mundwerk schnellstens zügeln,
die Zwietracht, sie ist auszubügeln.

Der *Schisser* ist mit sich im Zwist,
weil er sehr oft recht ängstlich ist.
Er zweifelt, zögert, zaudert, stockt,
was seinen Tatendrang nur blockt.

Als *Abschaum* schimpft man Zeitgenossen,
die auf den Plätzen und in Gossen
recht asozial ihr Tun bekleiden
und jede Arbeit tunlichst meiden.

Doch sei hier eines klargestellt,
egal, was man von ihnen hält,
bevor man schimpft soll man ergründen,
warum sie sich im Tief befinden.

Man kann auch wen als *Trump* benennen,
wenn wir den Populist erkennen.
Sein Auftritt ist meist sehr polemisch
und sein Gesichtsausdruck oft hämisch.

Den *Deppen*, den wohl alle kennen,
kann man als *Trottel* auch benennen.
Du *Idiot* klingt selten prima
und schafft sehr oft ein schlechtes Klima.

Die *Nervensäge* ist ein Typ,
den hat man nur sehr selten lieb.
Er ist so lästig wie die Mücken,
solch *Plagegeist* kann nicht entzücken.

Die *Labertasche* mag uns nerven,
sie will mit Worten um sich werfen.
Man möchte ihr den Mund verkleistern,
denn ihr Geschwätz kann nicht begeistern.

Der *Lump* ist meist recht niederträchtig,
sein Treiben ist zudem verdächtig.
Wenn er Dein Gut und Geld begehrt,
ist dieser Mensch nicht ehrenwert.

Man kann ihn auch als *Gauner* schelten,
weil für ihn keine Regeln gelten.
Auch *Schuft* ist hier bei uns im Land
für ihn als Schimpfwort wohlbekannt.

„Du *Tölpel*" nennt man den Kollegen,
der ungeschickt auf allen Wegen
mit jeder Tat, die er vollführt,
durch krassen Misserfolg brilliert.

Ein *Vollhorst* ist ein Mensch sodann,
der wenig weiß und auch nichts kann.
Als *Hohlkopf* wird ihn mancher kennen
und manchmal auch als *Honk* benennen.

*Hanswurst* kann man zuweilen hören
für Menschen, die mit Blödsinn stören.
Doch will er nur zu allen Zeiten
sehr witzig sein und Spaß verbreiten.

Ist jemand dünn und lang gewachsen,
dann machen manche Menschen Faxen.
„Du *Lauch*" tönt´s dann aus allen Kehlen
von spottbereiten Lästerseelen.

Ein *Pflaumenaugust* ist ein Mann,
mit dem man nicht gut feiern kann.
Die eigne Meinung ist ihm fremd,
er langweilt meist und ist gehemmt.

Die Schimpfbegriffe, die benannt,
sind zweifelsfrei recht provokant.
Es gibt von ihnen Hunderte,
was mich doch sehr verwunderte.

Drum sage ich in aller Eil,
es gibt noch einen zweiten Teil.
Den werde ich demnächst verdichten,
dann will ich Euch erneut berichten.

**Beschimpfungen Teil 2**

Geschimpft wird gern im Bayernland,
dies ist von Franken auch bekannt.
Man grantelt gern in Österreich,
da wird so mancher Preuße bleich.

In Bayern kann ganz allgemein
ein Fremder auch ein „Saupreiß" sein,
wenn der das bayrische belacht
und drüber blöde Witze macht.

Die „Schiache Wedahex" ist hässlich,
auch kleidet jene sich oft grässlich.
Ihr Äußeres scheint ihr nicht wichtig
und was wer denkt ist null und nichtig.

Man nennt auch „Bissgurn" manches Weib,
das meist zu ihrem Zeitvertreib
recht bissig durch die Lande schreitet
und liebend gern mit andren streitet.

Als „Krampfhenna", das ist bekannt,
wird meist ein solches Weib benannt,
die durch ihr Dummgeschwätz empört,
wobei sie selber dies nicht stört.

„Spinatwachtel" kann nur bedeuten
(so hört man es von vielen Leuten),
es handle sich wohl zu acht Achtel,
um eine „Dürre alte Schachtel".

„Du Oasch" wird mancher Mensch benannt,
der auch als „Arschloch" ist bekannt.
Doch klingt „Du Oasch" ein bisschen netter
als sein berühmter Namensvetter.

Du bist ein „Oida Fetznschädel"
heißt gern in Wien das blonde Mädel
den Typ den man als „Hirni" kennt
und den als „Trottel" man benennt.

Auch „Hirsl" scheint recht adäquat,
wenn man ´nen „Dummkopf" vor sich hat.
Bei beiden weiß man allgemein,
der Mensch wird wohl ein „Rindviech" sein.

Der „Simpel" ist ein Narr indessen,
den kann man nicht so schnell vergessen.
Er geht als „Gscherter" durch die Gassen,
man kann ihn lieben oder hassen.

Die „Freibierlätschn" wird sich denken,
ich lass mir gerne etwas schenken.
Als „Schnorrer" ist er unbeliebt,
weil er nur nimmt und niemals gibt.

Ein „Zwidawuazn", wie ihr wisst,
ist der, der stets ein Griesgram ist.
Er glänzt durch mürrisches Gezeter,
man kennt ihn auch als „Miesepeter".

Der „Hosnbiesla" hat meist Schiss,
drum kann man ihn, das ist gewiss,
auch einen „Hosnscheissa" nennen,
der Wörter Sinn ist nicht zu trennen.

Die „Bruinschlanga" kann schlecht sehen
und wird nie ohne Brille gehen.
Sie so zu schimpfen macht ihr Kummer,
verpönt ist auch „Du Brillenbrummer".

Als „Kuttnbrunzer" ist bekannt
der Sterbliche im Priesterstand.
Man nennt ihn so auch mal im Scherz
und schaut voll Reue himmelwärts.

Ein „Goschata" nennt man den Mann,
der seinen Mund nicht halten kann.
Dies Schimpfwort kann jedoch zuweilen
auch eine Weibsperson ereilen.

„A Gfüüda" weist den Menschen aus,
der überall (nicht nur zu Haus)
die Leibesfülle präsentiert
und sich der Wampe nicht geniert.

Den „Schluchtenscheißer" findest Du
meist auf dem Land bei Rind und Kuh.
So lebt er ländlich allenthalben
und freut der Störche sich und Schwalben.

Mit „Rotzbua, -leffe, Rotzbangad"
da endet mein Gedichtsalat.
Das Schimpfen, wie im schönen Süden,
verschafft oft Luft und Seelenfrieden.

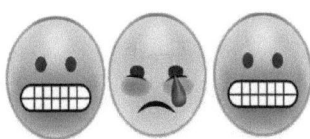

**Trösten, nicht schimpfen!**

**Nicht zu fassen…**

**Das** Suppenhuhn kann es *nicht fassen*,
Frau Meier will es rupfen lassen.
Noch gestern lief es froh durchs Gras,
doch nackt im Topf, das ist kein Spaß!

Drum reißt es aus, zieht in die Ferne
und nimmt die Autobahn nach Herne.
Als es so längs der Fahrbahn hupft,
hat es ein Lastfahrzeug zerrupft.

**Ein** Aktmodell aus Krahnenbäumen
begann von einem Akt zu träumen,
bei dem ein Künstler, der beliebt,
sich mittels Pinsel Mühe gibt.

Ein Maler nimmt sich ihrer an,
der leider nicht gut pinseln kann.
Das Resultat ist *nicht zu fassen*
und kann sich nirgends sehen lassen.

**Sechs** Schafe, die die Schafschur hassen,
die können es *mitnichten fassen*,
dass man sie nackt zur Weide schickt,
wo lüstern sie der Wolf erblickt.

Der Wolf, er leckt schon seine Schnauze
und reibt sich hungrig seine Plauze.
Doch *fasst er nicht*, was ihm jetzt droht,
die Herde wirft mit Schafbockkot.

**Ein** Kirchenmann im fernen Hessen
hat letzten Sonntag schier vergessen,
dass er die Messe lesen wollte,
wobei er dies nach Dienstplan sollte.

Er weilt zu Haus und schlummert friedlich,
doch seine Träume sind nicht niedlich.
Er träumt von Sex in dunklen Gassen,
der Herrgott droben *kann´s nicht fassen*.

**Der** Papst hingegen ist beflissen,
er flüchtet zeitig von den Kissen
und predigt von der Last der Sünden,
weil diese in der Hölle münden.

Dem Organisten ist das Schnurz,
er lässt beim Orgeln einen Furz.
Der Papst kann den Affront *nicht fassen*
und hat den Musikus entlassen.

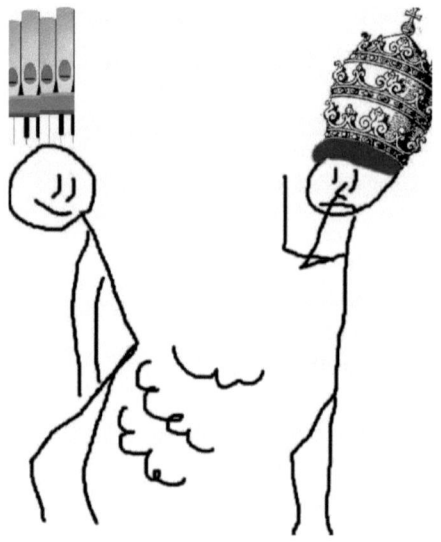

**Sein** Schießgewehr nahm ein Rekrut,
er schießt recht oft, doch selten gut.
Den Oberst traf er rechts am Ohr,
worauf die Fassung der verlor.

„*Ich fass es nicht*, Sie Blödian,
was geht mein rechtes Ohr Sie an?"
Der so Beschimpfte, er beschwor:
„Ich zielte doch auf's linke Ohr."

**Im** Opernhaus singt ein Tenor
als Lohengrin dem Volk was vor.
Bisher war es ein Schwan gewesen,
der jenen Sänger aufgelesen.

Statt eines Schwans, der sonst sich regt,
kommt jetzt ein Lama angefegt.
Doch Lohengrin bleibt sehr gelassen,
das Publikum *kann es nicht fassen.*

**Ein** Giftzwerg, den als Trump man kennt,
erfuhr ein zweites Happy End.
Man wählte ihn zum Boss erneut,
der Demokrat ist nicht erfreut.

Das Resultat ist *nicht zu fassen,*
kann man Herrn Trump nicht teeren lassen?
Man jage ihn dann über'n Mist,
der für ihn sehr geeignet ist.

**Ein** Zauberer aus Michelbach
denkt sich nach einem Ehekrach:
„Ich zaub´re meine Frau hinfort
an einen weit entfernten Ort."

Das Resultat war eins der krassen,
wenn man dies hört, *kann man´s nicht fassen.*
Jetzt sitzt er selbst auf Watzmanns Spitze,
der Zauberspruch war wenig nütze.

**Dein** Blinddarm war Dir zu entnehmen
in einer Klinik nah bei Bremen.
Doch fehlt Dir jetzt Dein linkes Bein,
wie ist das möglich, kann das sein?

Du bist Patient privater Kassen
und kannst den Fehlgriff *nicht recht fassen*.
Der Arzt, der Dir Dein Bein gehäckselt,
hat Dich beim Schnippeln wohl verwechselt.

***Was** man nicht fassen kann* verwirrt,
doch bleib ich völlig unbeirrt.
Ich kann das Dichten halt nicht lassen,
*dies kann ich selber nicht recht fassen*.

# Kapitel 2

# Wortherkunft und Sprache

**Dekadent** (= <u>ausschweifend</u>, <u>degeneriert</u>, <u>überfeinert</u>,
<u>übersättigt</u>, <u>verdorben</u>, <u>verfallen</u>, <u>verkommen</u>, <u>zügellos</u>)

**Ein** Mensch, der auf der Straße pennt,
erscheint uns oft als *dekadent*.
Warum´s so ist, tut er nicht kund,
drum kennt man nicht den Hintergrund.

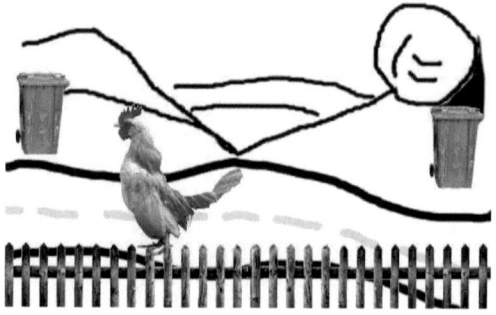

Der Milliardär, er protzt hingegen,
sein Reichtum käme ihm gelegen.
Er feiert jeden Abend Feste,
sehr *dekadent* sind auch die Gäste.

**Die** Speisen mittels Thermomix
erstellt man köstlich und recht fix.
Man *überfeinert* auch die Rippchen
zu feinem Mus als Eingangssüppchen.

Ich bin dem Thermomix *verfallen*,
er ist der beste Koch von allen.
Recht *dekadent* gesteh ich ein:
„Ich möchte nie mehr ohne sein!"

**Ein** Butterstück wird ungeniert
in einer Wanne präsentiert.
Als Fettfleck ist es sehr präsent,
mir scheint´s als „Kunstwerk" *dekadent*.

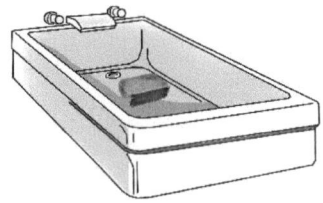

Sehr *dekadent* scheint auch ein Bild,
denn das Geschehen wirkt recht wild.
Recht schamlos sieht man nackte Nonnen,
die koksend sich am Sandstrand sonnen.

**Ein** Lehrer schreibt was an die Tafel,
er erntet Murmeln und Geschwafel.
„Das ist jetzt *unnütz*", führt er aus,
„Ihr holt jetzt Eure Hefte raus!"

Doch bleibt kraft allen Bohnenstrohs
des Lehrers Rede wirkungslos.
Die Dummheit setzt Proteste frei,
das Ganze grenzt an ein Buhei.

Trotz aufgeregtem Rumgemache
geht es recht missgestimmt zur Sache.
Es schreibt sogar der freche Peter
den Mathe-Test mit viel Gezeter.

**Zur** Party, die der Stadtrat schmiss,
gab es im Abendblatt Verriss:
„Die Orgie war *dekadent*!"
Vom Stadtrat hat man sich getrennt.

Der Redakteur zählt zu den Frommen,
das Ganze schien ihm zu *verkommen*.
„Ein Stadtrat hat nicht *auszuschweifen*,
dies muss der Rat der Stadt begreifen!"

**Die** Burg, sie sei doch recht *verfallen*,
hört man den alten Burggraf lallen.
Weil er senil ins Leere stiert,
da scheint auch er *degeneriert*.

Sehr *dekadent* scheint auch sein Diener,
er ist fast neunzig und ein Wiener.
Er kommt vom Heurigen nicht los,
drum säuft er völlig *zügellos*.

Der Papst besucht die Reeperbahn
und sieht der Menschen Geilheitswahn.
Ihn ekelt die *Verkommenheit*,
die *Dekadenz* geht ihm zu weit.

Fünf „Damen" wollen ihn umwerben
und seine Heiligkeit *verderben*.
Ne Drag-Queen säuselt: „Na, mein Kleiner,
mit einem Papst, da spielt wohl keiner!?"

Ein Sexprotz, der im Städtchen wütet,
der lehnt es ab, dass er verhütet.
„Ich passe auf", so tönt er groß.
Der Mensch scheint völlig *zügellos*.

Ein Erzbischof, der fand es nett
mit gold´ner Wanne und Klosett.
Recht *zügellos* er residierte,
des Luxus er sich nicht genierte.

Er kriegte seinen Hals nicht voll,
dies fand der Papst nicht wirklich toll.
Die *Dekadenz* hat ihn entsetzt,
drum hat den Bischof er versetzt.

Der Niedergang, den Rom erduldet,
war auch der *Dekadenz* geschuldet.
Nie lernt man aus den schlimmen Zeiten.
Es fehlen die Bescheidenheiten!

**Der Eiertanz** (unstrukturiertes Verhalten,
Unentschlossenheit, Taktieren, Zaudern, Zögern)

**Ein** Mensch, der sich bei allem windet
und nie die rechte Handlung findet,
vollführt meist einen „Eiertanz",
das Chaos packt ihn voll und ganz.

Ein „Hin und Her" kann man´s auch nennen,
als „Schlingern" ist es zu erkennen.
Und diese „Unentschlossenheit"
die endet mit Verdrossenheit.

Ja, dieses alberne „Taktieren"
wird manche Menschen ewig zieren.
Es klebt an ihnen jederzeit,
sie nennen es auch „Achtsamkeit".

**Frau** Meier kann sich nicht entschließen:
„Soll ich zuerst die Kräuter gießen?
Ich sollte sie wohl erst mal pflanzen?"
Für sie beginnt das „Eiertanzen".

Sie nimmt sich eine Kanne her,
doch dann erkennt sie das Malheur:
Kein Wasser ist in dem Gefäß,
sie setzt sich grübelnd auf's Gesäß.

„Die Kräuter sind ja nicht vorhanden,
mit Wasser kann ich da nicht landen.
Drum gieß ich jetzt das leere Beet,
was auch mit leerer Kanne geht."

**Am** Montag steht Herr Schmitz im Bad,
in dem er eine Wanne hat.
Er steht davor und weiß nicht recht,
ob er jetzt wirklich baden möcht'.

Schon steigt er mit dem rechten Bein
behände in die Wanne ein,
das linke will nicht, es steht still,
weil es erst Samstag baden will.

Der „Eiertanz" wird abgekürzt,
weil nun Herr Schmitz recht schmerzhaft stürzt.
Das linke Bein hub an zum Gehen,
das rechte blieb im Wasser stehen.

**Ein** Flixbusfahrer fährt nach Mölln.
„Fahr ich jetzt besser über Köln?
Vielleicht fahr ich auch über Essen,
doch wo das liegt hab´ ich vergessen."

Der „Eiertanz", den er vollführt,
hat manchen Fahrgast sehr pikiert.
Die Gruppe, die im Flixbus wartet,
erhofft sich sehnlichst, dass er startet.

Noch heute steht er, wo er stand,
am Busbahnhof gleich rechter Hand.
Ob alle dort verstorben sind?
Die Antwort kennt allein der Wind.

**Der** „Eiertanz", er macht sich breit
sogar bei seiner Heiligkeit.
„Soll ich zuerst den Weihrauch schwingen
und dann erst Hosianna singen?

Ich könnte auch die Menge segnen
und ihr mit einem Psalm begegnen!?
Vielleicht lass ich die Orgel dröhnen,
es könnte ein Choral ertönen!?"

Im Zwiespalt ist der heil´ge Mann,
weil er sich nicht entscheiden kann,
kann nur verwirrt die Stirne runzeln,
der Herr am Kreuz kann nur noch schmunzeln.

**Ein** Kuckucksuhrenhauptvertreter
erwägt den Arbeitsantritt später.
Doch plagt ihn deshalb sein Gewissen,
so schläft er unruhig auf den Kissen.

Sein „Eiertanz" ist eine Schande,
denn schließlich warten hierzulande
die Menschen auf die Kuckucksuhren,
die er verkauft auf seinen Touren.

So fährt er los, recht zwiegespalten,
will schnell an einem Rastplatz halten.
Im Auto macht in aller Ruh
er doch nochmal die Augen zu.

**Den** Eiertanz, den mancher kennt,
den tanzt man meist recht ungehemmt.
Das Ziel verliert man aus den Augen,
das Endergebnis wird nichts taugen.

Doch wer sich straffem Plan verschreibt
und nicht im Chaos hängen bleibt,
der tanzt den „Eiertanz" mitnichten,
er wird sich der Struktur verpflichten.

**Nicht ganz bei Trost**

## Gendern

Das Gendern ist mir eine Qual,
ich frage mich von Mal zu Mal:
„Was will der Germanist erreichen?
Muss ich mit meiner Dichtkunst weichen?"

Der Text wär´ blöd: „…,*dass alle Bauern
sind wie die \*innen zu bedauern,
wenn sie fürs Feld den Knecht nicht finden,
auch keine \*innen, die sich schinden*".

Ihr merkt, dies hört sich dämlich an,
weil so kein Dichter dichten kann.
Der Leser wird sich sicher fragen:
„Was will der Dichter mir bloß sagen?"

Ich kann nicht gendern, wenn ich dichte,
dies macht der Verse Sinn zunichte:
*„Der Papst er kackt auf eine Wiese,
Papst\*innen kacken auch auf diese."*

Bei Nonnen, ja da frag ich mich,
gibt es wohl einen *Nonn\*erich*?
Bei Mönchen ist das auch recht öde,
*Mönch\*innen* find ich reichlich blöde.

Ob Mönch, ob Nonne - einerlei,
das Ganze gibt nur Genderbrei.
Ein solcher Quatsch macht mich frigide,
mein Hass aufs Gendern wächst rapide.

*Kund\*innen* ist ein großer Mist!
Was ist, wenn alles draußen ist?
*Kund\*außen* scheint mir schizophren,
den Schwachsinn kann kein Mensch versteh´n.

Drum wird den Mann das Gendern stressen,
denn man hat sein **"en"** vergessen.
*Kund\*innen* scheint mir sehr beschränkt,
weil „*innen*" jetzt am „*Kund\**" rumhängt.

Sehr ähnlich ist es bei Kollegen,
es scheint „**en**" kommt ungelegen.
Man kann dem Irrsinn nicht entrinnen,
mit einem Wort wie *Kolleg\*innen*.

Mein Chef meint doch in jedem Falle
bei Mitarbeitern wirklich alle.
Er denkt dabei an Mann und Frau,
beim Gendern wird ihm richtig flau.

Bei *Mitarbeiter\*innen* gar
wird ihm der Bockmist vollends klar.
Versucht den Stern er mitzusprechen,
wird sich ein Schluckauf dafür rächen.

Zum Glück gilt Gendern nicht bei Tieren,
das ging dem Kater an die Nieren.
Aus ihm da würde *Kater\*innen*,
dann denkt auch Whiskas, dass wir spinnen.

Der Dobermann kriegt Magensausen
bei den verrückten Genderflausen.
Bei *Dober\*innen* jault er nämlich,
auch Schappi meint, das klingt zu dämlich.

Bei Sachen wird es kleinkariert,
sind sie mit Gendern ausstaffiert.
Denn *Semmelkloß\*innen* klingt fad,
da dreht auch Pfanni gleich am Rad.

Die Kaffeekanne, sie ist weiblich
und dient dem Wohl, das meistens leiblich.
Wie gendert man nun das Gefäß?
*Kann\*innen* ist doch fürs Gesäß!

Und für den Arsch wär' auch ein Hut,
*Hut\*innen* klingt nicht wirklich gut.
Dabei vergeht mir glatt das Dichten.
**Ich kann aufs Gendern ganz verzichten!**

## Pleonasmus (...oder doppelt gemoppelt)

„Ein *weißer Schimmel*", sagt Franz Giese,
„steht imposant auf meiner Wiese.
„Mit ihm ist mir", ruft er entzückt,
„*erfolgreich* manche Zucht *geglückt*."

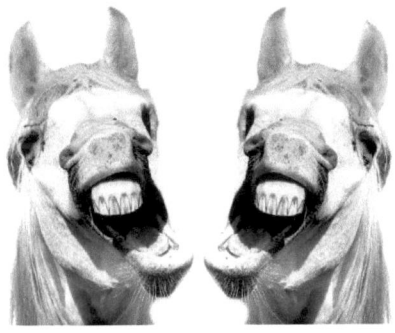

Ein *alter Greis* in *feuchtem Nass*
hat heut am Joggen keinen Spaß.
Er landet auf dem Hinterteil
als *umgekehrtes Gegenteil*.

Es kommt ein *kleiner Zwerg* daher,
den wundert wirklich gar nichts mehr.
Er läuft durch eine *Baumallee*
und ruft sehr laut: „Ojemine!"

Denn Schmerzen hat er an den Zehen,
er hasst es sehr, *zu Fuß* zu *gehen*.
Viel eher wäre er bereit
zu *manueller Handarbeit*.

*Zwei Zwillinge*, in *fernen Weiten*,
die auf ´nem *schwarzen Rappen* reiten,
entdecken eine *tote Leiche*
am Fuße einer alten Eiche.

„Das ist doch wohl ein schlechtes Märchen",
befindet jetzt das *Zweierpärchen*.
„Der Tote, der einst lebend war,
war früher ein *berühmter Star*!"

Der *kleine Zwerg* kommt jetzt gerannt,
er hat den Toten auch gekannt.
„Ein Dichter ist´s, soviel ich weiß,
er schrieb das Buch: *Der runde Kreis*."

Ein Polizist hat viele Fragen,
er hält abrupt mit seinem Wagen.
Er bremst ihn mittels *Fußpedal*
grad neben einem Waldlokal.

„Im Wald liegt eine *tote Leiche*",
tönt es jetzt schaurig von der Eiche.
Ein Blick auf sie scheint *lohnenswert*,
den Puls zu fühlen nicht verkehrt.

Genommen wird der Leiche Hand,
ein *Testversuch* wird angewandt.
Doch sagt ein *inneres Gefühl*,
der Mensch ist tot und auch recht kühl.

So hat sich wieder mal gezeigt,
der Mensch ist selten abgeneigt,
der Worte Wirkung zu verdoppeln.
Man sagt zuweilen: „Doppelt moppeln".

**Nicht ganz bei Trost**

## Bla, Bla - Bla Bla Bla,

Wenn jemand dümmlich schwadroniert
und Dich mit Schwachsinn malträtiert,
dann scheint der Irrsinn Dir ganz nah,
denn was erklingt ist nur: „Bla, Bla".

Man wird oft solche Menschen sichten,
die „Bla, Bla, Bla" im Mundwerk züchten.
Auf Instagram sind zu Hause,
sie schwafeln ohne Atempause.

Das world wide web, das will man rocken,
mit öden Tipps will man Dich schocken.
Das „Bla, Bla, Bla" beim Influencen
zeugt nur von Dummheit ohne Grenzen.

Der Kanzler redet völlig irre,
der Redeinhalt macht mich kirre.
Dem Unsinn hat er sich verschrieben,
so ist nur „Bla, Bla, Bla" verblieben.

Auch Trump „Bla, Bla-t" im Weißen Haus,
das läuft nur auf Gewäsch heraus.
Er labert Schwachsinn ohne Schranken,
man kennt es auch von psychisch Kranken.

Und wird Frau Weidel interviewt,
dreh ich den Ton ab voller Wut.
Der Mund geht zwar noch zu und auf,
das „Bla, Bla, Bla" hört trotzdem auf.

Dein Chef, er will Dir was erklären,
dann kannst Du Dich mitnichten wehren.
Er kommt Dir dabei viel zu nah
mit Mundgeruch und „Bla, Bla, Bla".

Der Sünder, der im Beichtstuhl sitzt
und diesen zwecks der Beichte nützt,
verfällt mit „Bla, Bla, Bla" ins Flüstern,
man sieht ihn nicht, er kniet im Düstern.

Der Pastor, der die Beichte hört,
ist ob der Sünden höchst empört.
Mit „Bla, Bla, Bla" und „Gott zum Gruße"
verhängt er eine schwere Buße.

Der Richter, der ein Urteil fällt
und nichts von klarer Rede hält,
der sabbelt was von Paragraphen,
per „Bla, Bla, Bla" verhängt er Strafen.

Ein Tierverpflegungschefverpfleger
versorgt die Tiere sehr integer.
Die Affen lauschen, wenn er spricht,
sein „Bla, Bla, Bla" versteh´n sie nicht.

Beim ESC, da wird gesungen
und manches Lied ist sehr gelungen.
Das Siegerlied heißt „Bla, Bla, Bla",
die Auswahl führte zum Eklat.

Der Aufsatztest in Deutsch war öde,
denn Kevin fand das Thema blöde.
Er hat als Text „Bla, Bla" verfasst,
was wirklich nicht zum Thema passt.

Willst Du als geistreich imponieren,
dann musst Du mit Substanz brillieren.
Gefasel ist nur „Bla, Bla, Bla"
und scheint dem Bildungsnotstand nah.

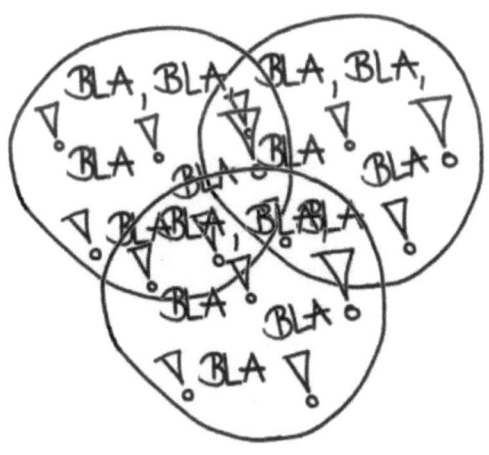

**Nicht ganz bei Trost**

# Kapitel 3

# Klima und Umwelt

**Schön ist es, auf der Welt zu sein!**

„Schön ist es, auf der Welt zu sein",
sprach jüngst Frau Müller zu Frau Klein.
Denn sie gewann im Zahlenlotto
mit ihrem Mann, dem schönen Otto.

Jetzt können sie in Urlaub fahren,
womöglich auf die Balearen.
Als Hippies planen sie die Tour,
der freien Liebe auf der Spur.

„Schön ist es, auf der Welt zu sein",
das dachte auch das Stachelschwein
als gleich nach einem wilden Ritt
der Eber von ihr runter glitt.

Nun suhlt es sich mit wilder Lust
und kratzt sich neckisch seine Brust.
Wie wohl die Sauerei doch tat.
Gut, wenn man einen Eber hat.

„Schön ist es, auf der Welt zu sein",
sprach nach Genuss von Gänseklein
der Landwirt Peter-August Prächtig,
denn jene Gans war fett und mächtig.

Und auch sein Dackel stimmt mit ein:
„Schön ist es, auf der Welt zu sein",
denn er bekam des Mahles Rest
nach winsellautem Fressprotest.

„Schön ist es, auf der Welt zu sein",
sprach an der Nordsee Jensens Hein.
Er fing ´nen fetten Kabeljau:
„Den bring ich jetzt zu meiner Frau!"

Doch seine Gattin, Jensens Carmen,
vergnügt sich grad in Nachbars Armen.
Den Hein erschreckte, dies zu seh´n,
die Welt war nur noch minder schön.

„Schön ist es, auf der Welt zu sein",
singt Onkel Fritz auf einem Bein.
Verflogen sind bald alle Sorgen,
die Beinprothese kriegt er morgen.

„Dann kann ich auf die Rolle gehen
und kess nach schönen Frauen sehen
beim Tanztee für ein Stelldichein.
Schön ist es, auf der Welt zu sein!"

„Schön ist es, auf der Welt zu sein",
ruft Oskar Probst, der ganz allein
die Ortssparkasse überfiel,
denn reiche Beute war sein Ziel.

Der Mammon brachte ihm kein Glück,
für ihn da kam es knüppeldick.
Die Polizei, sie stürmt herein,
jetzt sitzt Herr Probst 5 Jahre ein.

„Schön ist es, auf der Welt zu sein",
singt Rudolf Schulz nach 6 Glas Wein.
Er fährt sein Auto kurzerhand
betrunken an die Häuser-Wand.

Ein Engel zerrt ihn aus dem Wagen
und muss ihn Richtung Himmel tragen.
Sankt Petrus spricht: „Komm rein Du Knilch,
bei uns bekommst Du nur noch Milch."

„Schön ist es, auf der Welt zu sein",
spricht auch des Pastors Töchterlein
nach wildem Sex mit Meiers Jobst
im Garten hinterm reifen Obst.

Der Pastor betet höchst schockiert
als er so auf das Treiben stiert:
„Ach Gott, lass bitte Einsicht walten
und sie die Unschuld sich erhalten!"

„Schön ist es, auf der Welt zu sein",
doch ist die Welt oft sehr gemein,
wenn sintflutartig Bäche brausen
vom Lahntal bis nach Oberhausen.

Dann ist es auf der Welt nicht schön,
kein Stein bleibt auf dem andren steh´n.
Der Klimawandel, er graust jeden,
doch zieht der Mensch allein die Fäden.

Wir müssen alle uns bemühen,
das rechte Fazit stets zu ziehen,
dann können wir die Welt erhalten
und ihre Schönheit mitgestalten.

**Sommerfreuden – Sommerleiden**

Es wird jetzt wärmer und die Jugend,
bekleidet sich fernab der Tugend
mit kurzen Shirts, die Wampe blinkt,
wobei das Winkfleisch heftig winkt.

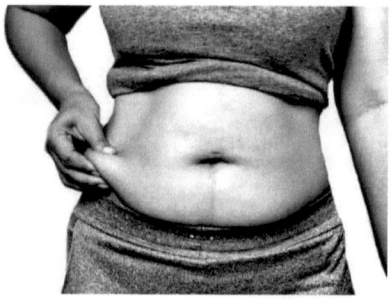

Mit engen Jeans, die Schenkel mollig
wirkt doch das Ganze etwas drollig.
Selbst wenn Orangenhaut sie ziert,
man kleidet sich recht ungeniert.

Der Sommer naht mit heißen Tagen.
Auch ich frag mich: „Was soll ich tragen?"
Ich bin ja wirklich kein Mimöschen,
vielleicht geh ich mal ohne Höschen?

Die Sonne brennt und es ist heiß,
drum bietet es, wie jeder weiß,
sich an, auch einmal nackt zu sonnen
zu meines Nachbarn höchsten Wonnen.

Denn jener der lugt hin und wieder
mit seinem Fernglas durch den Flieder,
begleitet durch ein lautes Stöhnen
in ekelhaft erregten Tönen.

Mein Mops liegt hechelnd unterm Strauch
und leckt sich schwitzend seinen Bauch.
Die Hitze ist ihm viel zu drastisch,
er zuckt und windet sich recht spastisch.

Die Zecken, die ihn jetzt beglücken,
die beißen ihn mit viel Entzücken.
Der Mops ist deshalb richtig sauer,
derweil der Nachbar auf der Lauer.

Und dieser hat wohl unterdessen
die Kinderstube glatt vergessen.
Er schwenkt nun japsend wie ein Hecht
gepaart mit Geilheit sein Gemächt.

Von rechts naht jetzt ein schwarzes Hinkel
aus schön beblühtem Gartenwinkel.
Das pickt den Spanner ins Gemächt,
worauf der lauthals schreien möcht´.

Der Sommer, der uns sehr verzückt,
macht ob der Hitze uns verrückt.
Der Mensch, sowie die Tiere auch,
sie nutzen gern den Wasserschlauch.

Denn Wasserkühlung bringt Vergnügen,
ob dies im Sitzen oder Liegen.
Gar manchem dient ein Plastik-Pool,
egal ob lesbisch oder schwul.

Die Blumen sind jetzt oft zu wässern,
um deren Dasein zu verbessern.
Sie würden braun und wollen welken,
egal ob Rosen oder Nelken.

Der Postmann klingelt, es ist Drei,
er schwitzt und hat ´nen Brief dabei.
Die Stadt erklärt uns (welch Gebaren!),
wir sollten künftig Wasser sparen.

Wie soll das gehen bei der Hitze?
Der Bürgermeister macht wohl Witze!?
Nun ja, so denke ich in Ruhe,
es gibt ja noch die Tiefkühltruhe.

Ich setz mich jetzt mit meinem Steiß
in dieses dort vorhand´ne Eis.
Gesäumt von Pizzen und Frikandeln
scheint dies ein adäquates Handeln.

Doch kann ich wohl, fällt mir grad ein,
mitnichten so gelenkig sein.
Drum muss ich diesen Plan verwerfen,
der Umstand zerrt an meinen Nerven.

Als ich so in die Truhe seh,
entdecke ich noch Fischfilet.
Schön tiefgefroren 4 Pakete,
garniert mit etwas roter Bete.

Die staple ich nun sehr gewitzt
auf einen Stuhl, wo man sonst sitzt.
Die Kühlung nimmt dann ihren Lauf,
die Hauptsach´ ist, man setzt sich drauf.

Doch tropft es jetzt in meine Schuhe,
der Fisch kommt wieder in die Truhe.
Nach Käpt´n Iglo riecht mein Po,
der Stuhlbezug stinkt ebenso.

Den Nachbarn hat dies amüsiert,
derweil er durch den Flieder stiert.
Gleichwohl, es ärgern ihn die Mücken,
ja auch der Sommer er hat Tücken!

Der Spanner schimpft und schreit: „Verdammt!"
Er hat sich sein Gemächt verschrammt
am Stacheldraht, der seit Advent
sein Grundstück von dem meinen trennt.

Verletzt kann er jetzt nur noch keifen,
ich muss ein Lachen mir verkneifen.
Er rennt ins Haus, drum ist jetzt Ruh´,
„Affe tot und Klappe zu"!

So kann ich jetzt in Ruhe chillen
und kann mir eine Bratwurst grillen.
Der Mops, er hat die Wurst gerochen
und kommt recht hungrig angekrochen.

Wir machen es uns jetzt gemütlich
und tun uns an dem Grillgut gütlich
mit einem Bier, vielleicht auch mehr.
Entspannend ist das Sommerflair.

Der Sommerfreuden gibt es viele,
zumeist da haben sie zum Ziele,
dass man die Kräfte aktiviert,
auch wenn wer durch den Flieder stiert.

**Nicht ganz bei Trost**

## Es wird kälter

Der Monat Zwölf wird bald beginnen,
der Monat Elf er flieht von hinnen.
Es naht Advent mit großen Schritten,
man streut sich Zimt auf seine Fritten.

Es wird nun kälter, keine Frage.
Vorbei sind nun die warmen Tage.
Die Hose friert am Steißbein fest,
verlassen ist das Storchennest.

Die Störche werden weiterziehen,
um miesem Wetter zu entfliehen.
Auch mancher Rentner der zieht um
und treibt sich auf Madeira rum.

Die Bluse klamm, die Schuhe nass,
den Huren macht es keinen Spaß,
wenn sie auf Straßen und Alleen
im Winter nach den Freiern sehen.

Sie sollten warme Kleidung horten,
es wird jetzt kälter allerorten.
Der Minirock muss in den Schrank,
mit nackten Haxen wird man krank.

Der blanke Busen wird bedeckt
und jetzt im Winterpelz versteckt.
Der Baumwollschlüpfer findet Nutzen
nebst an den Beinen warme Stutzen.

Derweil ich mit den Zähnen knirsche,
da frieren Rehe wie auch Hirsche.
Die Kälte kriecht mir ins Gebein,
kann denn nicht immer Sommer sein?

Die Heizung wird nochmal gecheckt,
mit Rum da wird sich eingedeckt.
Denn Grog hält mein Gerippe warm,
er schützt den Magen und den Darm.

Der Vater kehrt das Laub mit Qual,
er tut dies nun zum x-ten Mal.
Die Mutter füllt den Rumtopf auf
und packt noch letzte Früchte drauf.

Die Oma strickt nun dicke Socken,
man will ja nicht im Kalten hocken.
Der Opa Franz, er brennt jetzt Trester,
er säuft das Zeug meist zu Silvester.

Den Rest, den säuft Mops Isidor,
er liegt vor unsrem Ofenrohr.
Der Kater Maunz, er ist beleidigt,
weil unser Mops den Trank verteidigt.

Den Kröten, die einst laut gequakt,
sind ihre Stimmen längst versagt.
Kurzum, die Jahreszeit setzt Spuren,
ein jeder kommt nur schwer auf Touren.

Auch meldet sich Corona wieder,
die Grippe lässt sich dummdreist nieder
und kämpft mit dem Immunsystem,
das Ganze ist nicht angenehm.

Es läuft die Nase, Halsschmerz quält,
ich bin von Hustenreiz beseelt.
Mein Kopf er schmerzt, ich habe Fieber.
Der Sommer ist mir wirklich lieber!

**Nicht ganz bei Trost**

**Es kriecht…**

Reptilien, die sind überwiegend
im Liegen kriechend und nicht fliegend.
Auch der lateingeübte Geist
weiß, dass „reptilis" kriechend heißt.

Gleichwohl gibt es auf dieser Welt
den Typus Mensch, dem es gefällt,
die Erde kriechend zu sondieren,
dies wird zumeist im Suff passieren.

Er kommt vom Stammtisch sehr, sehr spät,
weshalb er wohl nicht aufrecht geht.
Jetzt muss er kriechend sich recht schinden
und kann das Schlüsselloch nicht finden.

Ein Mensch kriecht vor dem großen Boss,
weil der ihn frech ins Abseits schoss.
Zuweilen kann es sogar sein,
er kriecht ihm in den Arsch hinein.

Auch auf dem Zahnfleisch kann man kriechen,
dies wird dann wohl nach Burnout riechen.
Der Mensch, er sollte schnell erkennen:
„Ich muss jetzt rasten und nicht rennen!"

Das Baby kriecht noch, wenn es jung,
zum Laufen fehlt der rechte Schwung.
Man kann´s mit Krabbeln auch benennen,
was wir auch von den Käfern kennen.

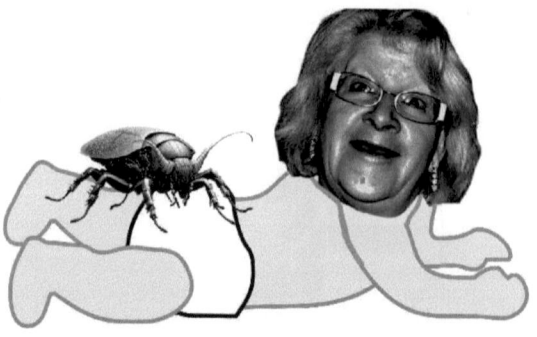

Die Zahnradbahn kriecht oft bergan,
weil sie nicht schneller kriechen kann.
Bergabwärts, will ich hier berichten,
kann sie auf´s Kriechen ganz verzichten.

Was sonst noch kriecht auf dieser Welt,
das wird im Folgenden erzählt.
Zum Beispiel kriecht ein Krokodil
im Zoo genauso wie am Nil.

Ein Schildkröt kriecht recht moderat,
weil er es niemals eilig hat.
Er ist auf´s Hasten nicht erpicht,
sein Panzer hat zu viel Gewicht.

Der Regenwurm ist blind und taub,
er kriecht behindert durch das Laub.
Hat er ein Erdloch aufgefunden,
kriecht er hinein und ist verschwunden.

Durch Regen wird der Wurm geschockt,
weil der ihn aus der Erde lockt.
Schnell wird von Vögeln er gefressen,
das Kriechen kann er dann vergessen.

Die Schlangen schlängeln sich beim Kriechen,
wenn sie die Beutetiere riechen.
Ein Nilpferd aber kriecht mitnichten,
man müsste es als Schlange züchten.

Die Echse gleichwohl kriecht hingegen,
sie schaut nach Raupen sehr verwegen.
Die Schlange, die die Echse riecht,
verhindert, dass sie weiterkriecht.

Auch Schnecken kriechen durchs Gelände,
die Gangart wirkt nicht sehr behände.
Vor Knoblauch ist die Schnecke bang,
dann kriecht sie meist im Rückwärtsgang.

Das Kriechen mag nicht jedermann,
zumindest wenn man laufen kann.
Doch wussten schon die alten Griechen:
„Wer beinlos wandelt, der muss kriechen!"

## Nicht ganz bei Trost

**Am Strand**

Ein Mensch am Strand trägt Badelatschen.
Ein andrer will im Strandkorb tratschen.
Ein Dritter sitzt lädiert im Sand,
die Glatze ziert ein Sonnenbrand.

Der Luxusstrandkorbstrandverleih
gehört dem Rentner Oskar Frei.
Sein Umsatz ist bereits seit Wochen
durch Strandkorbdiebe eingebrochen.

Ein Wattwurm möchte kopulieren
im weiten Watt in Schlammes Schlieren.
Die Wattwurmfrau wirkt angeödet,
der Wattwurm scheint ihr zu verblödet.

Ein Taschenkrebs mit seinen Scheren
kann sich nur schwer der Kraft erwehren,
die Wellen ihm entgegensetzen
und ihn beim Mittagsschlaf vergrätzen.

Ein Priester möchte gleichfalls ruh´n,
doch stört ihn, was 2 Gören tun,
die lauthals ihn mit Sand traktieren,
das geht ihm mächtig an die Nieren.

So schickt er sie zu Edgar Richter,
er ist ein Denker und ein Dichter,
der nebenan im Sande ruht.
Das findet dieser gar nicht gut.

Die Gören formen leichter Hand
auf Edgars Bauch 'ne Burg aus Sand.
Da sie nicht hält in ihrer Pracht,
wird sie mit Pipi nass gemacht.

Respektlos fand die Sandburgszene
im Strandkorb links ein dicker Däne,
der sich ob des Gepinkels grauste,
als er grad Backfischbrötchen schmauste.

Er nimmt sein Mahl, schlurft flugs von dannen
und trifft am Strand auf Keglermannen,
die reichlich Küstennebel trinken
und demgemäß nach Fusel stinken.

Und auch der Priester zieht jetzt weiter,
die Miene wirkt mitnichten heiter,
weil er nun auf den Wattwurm tritt,
so ruft er: „Scheiße!" und „Igitt!"

Die Sopranistin Anja Wert
übt grade für ein Strandkonzert.
Der Taschenkrebs mit seinen Scheren
will sich jetzt des Gesangs erwehren.

Er schnappt nach ihrem linken Zeh,
der Angriff tut ihr höllisch weh.
Die Sangeslust scheint jäh vertrieben,
jedoch der Schmerz ist ihr geblieben.

Nun grölen laut die Keglermannen,
sie trinken aus zwei Kuhmilchkannen
ein Mischmasch aus Likör und Rum,
danach fällt man geschlossen um.

Bevor man fällt, wird dreist gepöbelt
und mancher Strandfleck vollgegöbelt.
Dann gibt die Horde endlich Ruh´,
„Affe tot und Klappe zu!"

Es naht die Sandstrandpolizei,
betrachtet sich die Sauerei,
erteilt vor Ort im Abendrot
ein Keglermannenstrandverbot.

Den Taschenkrebs mit seinen Scheren
sieht man jetzt noch den Strandschlick queren.
Er will im Schlamm sein Dasein fristen
und hofft auf weniger Touristen.

**Nicht ganz bei Trost**

## Am Arsch der Welt…

*(Ich entschuldige mich schon jetzt, wenn ich den
Anwohnern der hier genannten Orte und Gegenden auf die
Füße treten sollte. Bitte das folgende Gedicht nicht so
ernst sondern eher humorvoll nehmen. Es ist überall
schön, wenn man dort seine Heimat hat!)*

Liegt etwas in obskurer Ferne,
vielleicht auf Deinem Weg nach Herne,
und sieht die Landschaft öde aus,
scheint Dir der Aufenthalt ein Graus.

Wenn dieser Ort Dir nicht gefällt,
dann bist Du wohl „Am Arsch der Welt".
So gibt es derer viele Ziele,
da hat man solche Arsch-Gefühle.

Nach Appelhülsen will kein Schwein,
man fragt sich auch, wo soll das sein?
Auch Bielefeld gefällt mir nicht,
man sagt mir stets: „Das gibt es nicht!"

Das Schwarze Moor in Richtung Rhön,
das will mein Lebtag ich nicht seh´n.
Auch wenn es manchem dort gefällt,
für mich liegt es am „Arsch der Welt".

Ich will nicht hin nach Heidingsfeld,
für gute Worte nicht und Geld.
Die Ortschaft ist mir viel zu trist,
weil dort der Arsch die Gegend frisst.

Ich kenne den Gespensterwald,
auch dort mach ich nicht gerne Halt.
In Mecklenburg ist der zu suchen,
„Am Arsch der Welt!" kann ich nur fluchen.

Mich zieht es nicht ins Sauerland,
weil ich´s dort viel zu öde fand.
Beim Wandern hat man das Gespür:
Es tritt der „Arsch der Welt" herfür.

Selbst jene Heide reizt mich nicht,
wo Erika ihr Sträußlein flicht.
Mich nichts in dieser Gegend hält,
für mich ist das der „Arsch der Welt".

In Tüchersfeld hab´ ich Verwandte,
das sind ein Onkel und ´ne Tante.
Dort fahr ich auch nicht gerne hin,
weil ich gefühlt am Arsche bin.

Mich zieht es nicht nach Bitterfeld,
weil dort der Wolf den Mond anbellt.
Die Landschaft wirkt zu monoton,
den „Arsch der Welt", den riecht man schon.

Doch auch woanders gibt es Orte,
die sind wie Senf auf Sachertorte.
Ödwalpersreuth kann ich hier nennen,
man kann am „Öd…" den Arsch erkennen.

Auch Ödenstockach scheint nicht besser,
wahrscheinlich gibt´s dort Menschenfresser.
Drum will ich dort auch nicht gern wohnen,
um meinen eignen Arsch zu schonen.

In Amberg-Sulzbach, Oberpfalz,
ging mir ein Bürger an den Hals,
weil ich den Ort, den ich bekrittelt,
als schnöden „Arsch der Welt" betitelt.

Ich will auch nicht in Bayerns Alpen
verloren durch die Gegend stalpen.
Beim Schneeschuhwandern krieg ich Pickel,
der „Arsch der Welt" hat mich am Wickel.

Doch auch in Krefeld, meiner Stadt,
wo der Asphalt zig Löcher hat,
hat man zuweilen den Verdacht,
der „Arsch der Welt" regiert mit Macht.

Ich will noch etwas sehn im Leben,
der „Arsch der Welt" ist nicht mein Streben.
Zu schönen Orten fahr ich gern,
dem „Arsch der Welt" dem bleib ich fern.

## Nicht ganz bei Trost

# Kapitel 4

# Mensch und Tier

## Das Hirn

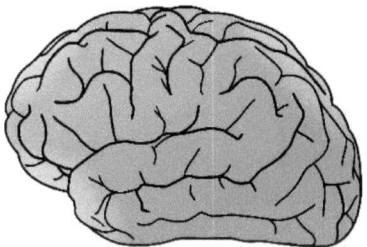

Dem Menschen ward ein Hirn gegeben,
dies soll ihm nützlich sein im Leben.
Bei dem, der sich des Denkens wehrt,
scheint diese Nutzung ungeklärt.

Bei vielen ist das Hirn intakt,
bei andren scheint es abgewrackt.
Durch Alkohol und zu viel Drogen
hat sich das Hirn ganz still verzogen.

Wird wer als „hirnlos" schroff betitelt,
weil der zu blöd scheint barsch bekrittelt,
rennt er zum Facharzt unter Fluchen.
Der soll sein Hirn gefälligst suchen!

Der Neurologe wirkt verstört,
dies hat er ja noch nie gehört.
Er bringt zum Ausdruck höchst versiert:
„Das Hirn ist fest im Kopf fixiert!"

Drum brauche man es nicht zu suchen
und müsse auch nicht lauthals fluchen.
„Denn Gott der Herr, der oben weilt,
hat jedem Mensch ein Hirn erteilt."

Doch der, der „hirnlos" ward genannt,
will jetzt erst recht aus erster Hand
den Hirnverlust recht zügig klären.
Das könne man ihm nicht verwehren.

Drum sucht er nun den Hirn-Erbauer,
danach sei er ganz sicher schlauer!
Er rennt hinauf zum 1. Stock,
dort trifft ihn gleich der nächste Schock.

Hier wohnen leider nur zwei Damen,
die aus dem fernen China kamen.
Er muss wohl weiter aufwärtsstreben,
denn hier scheint kein „Herr Gott" zu leben.

Im 2. Stock wohnt ein Herr Wahl,
dem ist die Frage scheissegal,
ob hier im Haus „Herr Gott" logiert,
wobei er durch den Türspalt stiert:

„Im Dritten wohnt ein Herr aus Kamen,
doch seine Tür ist ohne Namen.
Versuch es dort, lass mich in Ruh!
Recht gute Nacht." Die Tür knallt zu.

Besagter Herr, schon alt und grau,
macht sich ob des Begehrens schlau.
Er sitzt bei Pasta, Brot und Wein
und bittet den Patient herein.

„Was wünschen Sie, mein guter Mann?
Ich weiß nicht, ob ich helfen kann."
„Sind Sie Herr Gott, ich such mein Hirn!?"
Der Alte runzelt seine Stirn.

Die Frage muss den Alten stressen,
denn wie er heißt, hat er vergessen.
Auch tippt er sich an seine Stirn:
„Mein guter Mann, was ist ein Hirn?"

Der Alte scheint total verwirrt,
doch gibt er sich ganz unbeirrt.
Der Gast erklärt ihm unter Schwitzen:
„Das Hirn soll fest im Kopfe sitzen!

Dies ist ein Teil, mit dem man denkt,
das Hören und auch Sehen lenkt.
Es häuft auch sehr viel Wissen an,
befähigt, dass man sprechen kann."

Der Alte nimmt sich ein Stück Kuchen:
„Dann sollten wir den Kopf mal suchen,
in dem das Hirn bisher verweilte,
aus dem es offenbar enteilte!"

Der Blick des Suchers wirkt verödet,
der Alte scheint ihm zu verblödet.
„Herr Gott" ist jener sicher nicht,
da er zu viel an Unsinn spricht.

Drum will er geh´n, erhebt sich leis
und denkt sich: „Dieser Tattergreis
scheint hirnlos durch die Welt zu wackeln."
So will er zügig weiter dackeln.

Der Alte grinst nun unumwunden:
„Es scheint, Sie haben es gefunden,
das Hirn, dass Sie so sehr begehrten,
weil dessen Zweck Sie mir erklärten.

Drum brauchen Sie sich nicht zu schämen,
noch solche Menschen ernst zu nehmen,
die grundlos gerne kritisieren
und Sie als hirnlos titulieren."

Der Herr aus Kamen, der so sprach,
nimmt seinen gold´nen Almanach:
„Bei diesem Mensch", schreibt er entzückt,
„ist mir das Hirn sehr gut geglückt."

Er nimmt das Klingelschild mit Namen
und klebt es an der Türe Rahmen.
Dort ist jetzt Jesus Schmidt zu lesen,
der einstmals Gott der Herr gewesen.

**Forscher haben festgestellt…**

Ich höre oft von Zeitgenossen,
die emsig und stets unverdrossen
als Forscher ihren Weg beschreiten,
zwecks Darlegung von Nichtigkeiten.

Für viele gute Steuergelder
bemüht man neue Forschungsfelder,
die scheinen mir recht trivial
und sind mir meistens scheissegal.

So int´ressiert es keine Sau:
„Wieso wird man durch Weißbier blau?"
„Warum muss man die Weißwurst zuzeln,
warum nicht grillen oder brutzeln?"

Ein Forscher hat jüngst eruiert,
weshalb im Sommer niemand friert.
Das Urteil, das danach er fällte:
„Bei uns gibt's nur im Winter Kälte!"

Ein Hochschulteam aus Heidelberg
erforschte: „Wenn ein Gartenzwerg
ganz plötzlich in der Küche steht,
vermisst er dann sein Blumenbeet?"

Auch hat ein Forscher festgestellt,
dass unser Arsch die Beine hält
und das beim Blähen er vibriert.
Gibt´s irgendwen, den´s int`ressiert?

In Marburg forscht Professor Schmitz:
„Was war denn wohl der beste Witz?
Gab´s den vor Christi oder später?
War der von Ramses oder Sträter?“

In Oxford kam Professor Wright
nach langem Forschen seinerzeit
auf die Idee, zu untersuchen,
warum so viele Leute fluchen.

Ganz schnell war er sich dann im Klaren,
das liegt wohl an den Isobaren.
Was bringt es, dies zu untersuchen?
Wenn mir was stinkt, dann will ich fluchen.

In Cambridge suchte man hingegen
nach sehr obskuren, neuen Wegen,
den Weihnachtspudding aufzufrischen
und ihn mit Fish and Chips zu mischen.

In Düsseldorf kam Dr. Richter
beim Forschen schnell auf diesen Trichter:
„Im 8. Stock wird sich das Wohnen
für einen Selbstmord sicher lohnen.

Ein Sprung vom Souterrain hingegen
kommt diesem Ziel nicht sehr gelegen."
Ein Suizid sei dann nur lohnend,
wenn man in großer Höhe wohnend.

Es forschen forschend viele Leute,
die sind ´ne ganz besond´re Meute.
Sie schinden sich tagein, tagaus,
doch meistens kommt nur Mist heraus.

Ich denke mir mit wenig Neid,
die Forscher haben zu viel Zeit,
weil sie sich oft mit Quatsch befassen,
das könnten sie auch bleiben lassen.

Doch in den Zeiten von Corona
gab es von München bis Pamplona
für Forscher massenhaft Respekt,
ein Serum wurde rasch entdeckt.

Drum ist die Forschung dann geachtet,
wenn man ein Forschungsziel betrachtet,
das dazu dient, dem Mensch zu nützen
und ihn vor Unheil zu beschützen.

## Nicht ganz bei Trost

## Geplärr

Das Kleinkind Leonie von Bock
wohnt über mir im 3. Stock.
Sie nervt oft durch ihr Wehgeschrei,
von morgens acht bis nachts um drei.

Kriegt sie nicht das, wonach sie trachtet
und wird von Mama nicht beachtet,
dann plärrt sie markerschütternd laut,
was mich aus meinen Socken haut.

Doch wie der Herr, so auch´s Gescherr!
Von Papa Bock gibt's auch Geplärr,
wenn abends Bier im Kühlschrank fehlt,
schon ist er von Krakeel beseelt.

Dann stimmt auch Mama Bock mit ein,
es plärrt sich nicht sehr gut allein.
Der Lärm ist schlechterdings unsäglich,
um nicht zu sagen ganz unmöglich.

Jetzt deutlich hörbar ein Gezeter
im Nachbarhaus vom dicken Peter.
Das Essen ist dem Kind entglitten,
es wird beruhigt durch neue Fritten.

Der Knabe ist recht selten friedlich
und wenn er plärrt, ist das nicht niedlich.
Mit Rosenkohl zum Mittagsmahl
wird sein Geplärr zur echten Qual.

Man plärrt woanders auch zuweilen,
ein Tinnitus kann Dich ereilen.
Das Plärren kann den Hörsturz wecken
und manches Wohlgefühl verschrecken.

Oft gibt´s im Bundestag Karamba,
man kann auch sagen Rambazamba.
Dann geht man sich an die Krawatten,
das nennt man Bundestagsdebatten.

Die AfD kann stets nur johlen,
sie plärren ihre Scheißparolen
und wollen stets nur provozieren,
das geht dem Bürger an die Nieren.

Es plärrt zur Messe auch Frau Lang,
die einen Psalm recht kläglich sang.
Ihr Plärren führte zum Verdruss
und war mitnichten ein Genuss.

Der Pastor ließ mit jähem Schreck
recht irritiert die Wandlung weg.
Der Leib des Herrn blieb schnödes Brot,
der Wein blieb Wein vom Winzer Roth.

Es plärrt am Bahnsteig eine Dame
(im wahren Leben eine zahme):
„Es kommt mein Zug nie pünktlich an,
mit dem ich Köln erreichen kann!"

Sie zetert laut und sehr vernehmlich,
die Bundesbahn sei viel zu dämlich,
zu ändern ihr Geschäftsgebaren.
„Ich werde wieder Diesel fahren!"

Geplärr ist stets erbarmungslos,
um nicht zu sagen rücksichtslos.
Womöglich bin ich zu sensibel,
doch steter Lärm ist mir ein Übel.

Drum habe ich mir jetzt geschworen:
„Das Ohropax kommt in die Ohren!"
Dann kann Geplärr mich nicht mehr stören,
wenn dann wer plärrt, kann ich´s nicht hören.

## Frau Schmidt und die Oper

Im Opernhaus sitzt Ida Schmidt,
doch ist sie taub und kriegt nichts mit.
Sie sieht nur, was die Sänger treiben,
gleichwohl will sie im Sitz verbleiben.

In einem Kurs ist sie gewesen
für angewandtes Lippenlesen,
erwarb sich dort den Bildungsgrad,
den man nach einer Woche hat.

So ist es nicht verwunderlich,
dass diese Kenntnis hinderlich.
Sie kann zwar auf die Bühne gaffen,
doch ist der Text nur schwer zu raffen.

Die Taubheit muss Frau Schmidt frustrieren,
der Pauke Klang birgt nur Vibrieren.
Die Melodie sie geht verloren,
der Sänger Ton scheint eingefroren.

Selbst Richard Wagners Opernkunst
erhält von ihr nicht jene Gunst,
die diesem Werk durchaus geziemt,
weil sie nur sieht, was man dort mimt.

Heut Abend gibt es Lohengrin,
sie sieht den Schwan vorüber zieh´n,
auf dem der Recke sich postiert,
wobei er auf sein Liebchen stiert.

Was Lohengrin zu Elsa spricht,
das hört Frau Schmidt letztendlich nicht.
Sie liest vom Mund hab: „Holde Maid,
Du stehst im Wasser ohne Kleid!"

Die Lippen geben wenig preis,
sodass Frau Schmidt am End´ nicht weiß,
ist Lohengrin nur ein Sexist,
der hofft, dass Elsa nackig ist!?

Drum stößt sie ihren Nebenmann,
den Zahnarzt Schulze, mehrfach an.
Er soll mit Gesten ihr erklären,
was ihre Ohren ihr verwehren.

Doch Schulze muss bei dem Ersuchen
gleich mehrfach nicht sehr christlich Fluchen.
Er fühlt sich durch Frau Schmidt gestört,
was jenen Zahnarzt sehr empört!

Frau Schmidt, die schroff zurückgewiesen,
muss traurig nun gleich mehrfach niesen.
Der Zahnarzt scheint erneut gereizt,
weil sie nicht mit Bakterien geizt.

Er springt vom Sitz, bar jeden Grußes,
und rauscht von dannen schnellen Fußes.
Es sieht Frau Schmidt den Lohengrin
jetzt ebenfalls von dannen zieh´n.

Was so die Gute nicht erfreute:
Der Opernabend war ´ne Pleite!
Denn wenn man taub und gar nichts hört,
ist man im Opernhaus verkehrt.

„Nun gut", denkt sich Frau Ida Schmidt,
„krieg ich vom Sing-Sang gar nichts mit,
dann geh´ ich demnächst, ja ich wett,
ins Tanztheater zum Ballett."

## Nicht ganz bei Trost

**Reisebus mit Mops**

Im Reisebus sitzt Oskar Schmidt
und auch sein Mops „Herr Schulz" fährt mit.
Schmidts Eheweib, die Adelgunde,
begleitet sie auf dieser Runde.

Der Reisebus fährt nach Berlin,
dort wollten sie schon immer hin.
4 Tage will man dort verweilen
und möglichst viele Selfies teilen.

Dem Mops, Herrn Schulz, ist das nicht recht,
denn meistens wird dem Tierchen schlecht,
wenn es in einem Auto fährt
und diese Fahrt sehr lange währt.

Mit einem Hundeaspirin
geht es von Frankfurt nach Berlin.
Als Zäpfchen hat er dies bekommen
und hinten sehr brav eingenommen.

Der Mops ist müde und er gähnt,
doch sei das Häufchen hier erwähnt,
das ihm im Reisebus entfleuchte
und mit Gestank den Bus verseuchte.

Der Gassigang blieb nämlich aus
und auch das Zäpfchen wollte raus.
Im Bus kann man nicht Gassi laufen,
das Resultat: Ein Hundehaufen!

Der Reiseleiter meint beklommen:
„Das ist mir noch nicht vorgekommen.
So stecken Sie doch, meine Güte,
den Haufen in ´ne Hundetüte!"

Nach einem Halt bei Oerlinghausen
sah man die Schmidts nach draußen sausen.
Es waren Mops und Schmidts zu sehen,
wie sie die Gassirunde drehen.

Die Hundetüte, dienstbeflissen,
hat man am Parkplatz weggeschmissen.
Herr Schulz, der Mops, hat ganz gelassen
gleich noch ein Bächlein dagelassen.

Dann ging es aber hurtig weiter,
die Stimmung war gelöst und heiter.
Es wurde gar im Bus gesungen,
die Weiterfahrt schien höchst gelungen.

Doch plötzlich hinter Langenhagen
hat wohl die Bus-Luft nicht vertragen
der Mops, Herr Schulz, der kräftig niest
und seinen Nasendreck verschießt.

Sein Nasendreck verschönt den Hut
von Rentnerin Adele Mut,
die vor dem Mops und Oskar weilt,
wo sie der Auswurf jäh ereilt.

Vor Ekel schreit sie laut ein: „Bäh!",
als sie den Hut sah ein: „Ohje!
Was sind denn das nur für Allüren,
den Hund auf Reisen mit zu führen!?"

„Jetzt ist´s genug, das Maß ist voll",
ruft Reiseleiter Friedrich Moll.
In Peine wies er ohne Gruß
die Schmidtsens aus dem Reisebus.

Der Mops, er denkt sich: „Ach wie schön,
hier kann man mit mir Gassi geh´n.
Berlin ist öde, Selfies Stuss,
ich fahr nie wieder Reisebus!"

Mit einem Zug geht es zurück,
der schaukelt zwar, doch hat zum Glück
die Eisenbahn trotz mancher Enge
zum Gassi gehen lange Gänge.

**Nicht ganz bei Trost**

**Katzenklo**

Ein Katzenklo ist dann sehr nützlich
für eine Katze, die grundsätzlich
im Hause weilt bei Tag und Nacht
und ihr Geschäft nicht draußen macht.

Zum Dank fängt sie im Haus die Fliegen,
auch Mücken schnappt sie sehr gediegen.
Befindet sich im Haus ´ne Maus,
macht ihr die Katze den Garaus.

Ein Katzeneigner deponiert
das Katzenklo meist höchstversiert
an einem wohlgewählten Hort
als Katzendarmentleerungsort.

Nicht sinnvoll scheint mir da die Küche,
dort gibt es Koch- und Wohlgerüche,
die heute und an allen Tagen
sich nicht mit Katzenmief vertragen.

Das Klo im Bad scheint angebracht,
wo auch der Mensch sein Häuflein macht.
Aus dem WC stinkts sowieso,
hier steht auch gut ein Katzenklo.

Hat man die Katze dann belehrt,
so findet sie es nicht verkehrt,
das Katzenklo im Bad zu nutzen,
der Katzeneigner wird´s schon putzen.

So wendet sich das Tier geschwind
nach einem Fressnapf voller Rind
dem Bade zu, in dem mit Recht
es koten und auch pieseln möcht.

Manch Schweinkram gibt´s jedoch zu Hauf,
setzt sich das Tier nicht richtig drauf.
Denn wenn der Hintern überlappt,
das Kotgedöns herüber schwappt.

Wenn sich die Katze dann geniert,
wird gleich die Katzenstreu traktiert.
Das Zeug es klumpt und man entdeckt,
was noch im Streu so alles steckt.

Das Zeug ist schnellstens zu entsorgen,
man wartet nicht bis übermorgen.
Es müffelt und es stinkt zum Himmel
und allenthalben droht auch Schimmel.

Das Haustier, es ist überglücklich,
beschäftigt man sich augenblicklich
mit ihrem Katzenexkrement,
wenn man damit zum Abfall rennt.

Das Katzentier ist höchst zufrieden,
ist ihr ein Rückzugsort beschieden,
an dem sie friedlich dann und wann
schnell pieseln und auch kacken kann.

**Nicht ganz bei Trost**

**Im Hochhaus**

Im neuen Hochhaus unsrer Stadt,
das mehr als 10 Etagen hat,
dort wohnt ein wirkliches irres Volk.
Zum Beispiel wohnt hier Walter Polk.

Man munkelt, dass er Leichen hortet,
die man im Souterrain verortet,
weil ein Gestank von dorther wabert.
Nun ja, es wird viel Mist gelabert!

Gertraude Jobst wohnt 1. Stock,
sie trägt ´nen engen Minirock.
Ihr Winkfleisch scheint recht ausgeprägt,
weil sie die Bluse „bauchfrei" trägt.

Zudem soll sie (wie soll ich´s schreiben?)
im Keller ein Bordell betreiben.
Man hört oft in markanten Tönen
aus fernen Tiefen geiles Stöhnen.

Im 2. Stock wohnt Arthur Zwist.
Er wirft zuweilen seinen Mist
von dem Balkon, der ihm gehört,
was unter ihm Frau Jobst empört.

Denn will sie sich im Sommer sonnen,
verspürt Frau Jobst mitnichten Wonnen,
wenn Müll und Dreck herunterprasseln
und ihr das Sonnenbad vermasseln.

Die Hausbewohner sind genervt,
wer dann die Lage noch verschärft
ist Albert Schmidt, Etage 3,
der hält dort einen Papagei.

Und sein Geschrei ist nicht sehr leise,
auch schwätzt er in obszöner Weise.
Sein Wortschatz kann so manchen schrecken.
So krächzt er oft: „…am Arsche lecken!"

Etage 4 wohnt Olaf Schrott,
er spielt des nachts auf dem Fagott
und stört immens mit dem Gedudel
im Stockwerk 5 Frau Fischers Pudel.

Sein Jaulen klingt beklagenswert,
er läuft dann meist zum Küchenherd,
wo er, sein Beinchen angewinkelt,
recht ängstlich auf die Fliesen pinkelt.

Das Stockwerk 6 ist unbewohnt,
weil dort das Wohnen sich nicht lohnt.
Ein Messi hat es dort getrieben,
drum ist es unbewohnt geblieben.

Etage 7, Martha Kutter,
ist hausbekannt als Katzenmutter.
An Katzen sind es derer zehn,
die streunend durch das Hochhaus geh´n.

Dort sieht man sie zuweilen schleichen,
oft macht es Mühe auszuweichen.
Man muss schon Katzendreck genießen,
Du kannst ja nicht auf Katzen schießen.

Im Stockwerk 8 wohnt Oskar Richter,
der ist ein Denker und ein Dichter.
Er schrieb für´s Schauspielhaus das Stück:
„Das Hochhaus als gelebtes Glück!"

Der Inhalt wurde abgelehnt,
weil er Figuren dort erwähnt,
die es real nicht geben kann,
drum nahm das Stück man dort nicht an.

Karl-Friedrich Mut, Etage 9,
hält sich im Bad ein Minischwein.
Das ist nicht schlimm, das Schwein ist niedlich,
doch fährt es Lift, wird´s ungemütlich.

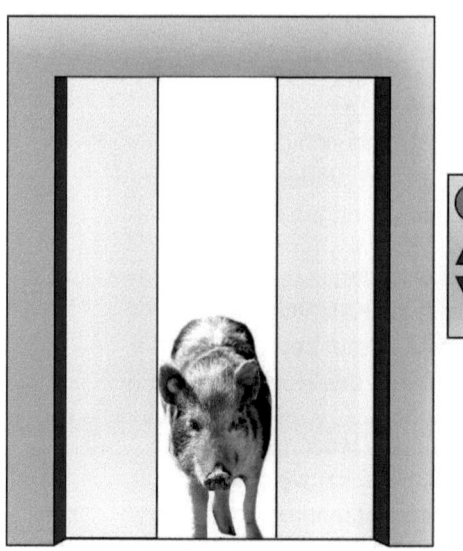

Dort hat es Angst und quiekt beklommen,
auch ist es sehr oft vorgekommen,
dass jenes Schwein per Darmextrakt
den Aufzug ängstlich vollgekackt.

Der Türke Ali Atamen
bewohnt mit Frau Etage 10.
Sechs Kinder sind dem Paar zu eigen,
die meist zur Ruhestörung neigen.

Als Muezzin -mal früh, mal spät-
ruft er die Moslems zum Gebet.
Dann steht er meist auf dem Balkon
und nutzt dafür ein Megaphon.

Ich möchte nicht im Hochhaus wohnen,
doch kann sich die Thematik lohnen
für ein Gedicht, das hier entstand.
Ich schrieb´s für Euch mit leichter Hand.

# Kapitel 5

## Märchen

## Herrjemine! - ein Märchen...

Dornröschen rief: „Herrjemine!
Was ich hier aus dem Fenster seh,
sind massig Dornen an den Hecken,
wie soll mich da der Prinz erwecken?"

„Herrjemine!", ruft Aschenbrödel,
„Zwerg Nase ist ein rechter Blödel.
Er will an meinem Busen schmusen,
ich kann den Trottel nicht verknusen."

„Herrjemine!", rief Karl der Frosch,
weil man an eine Wand ihn drosch.
„Ich bin ein Prinz!", rief er pikiert.
Doch dies hat niemand int´ressiert.

„Herrjemine!", schrie Rumpelstilz,
„verdorben war der Speisepilz,
ich schluckte ihn mit Suppe runter,
jetzt wird im Darm der Durchfall munter."

Rapunzel rief: „Herrjemine!,
wenn ich so auf mein Haupthaar seh,
das mir schon lang zu lang erschien,
mach ich jetzt ´nen Friseurtermin!"

Frau Holle rief: „Herrjemine!,
der Welt fehlt frischer, weißer Schnee.
Die Pechmarie ist wachzurütteln,
sie hat die Betten aufzuschütteln!"

„Herrjemine!", rief Hans im Glück,
„ich wünschte mir das Gold zurück,
was ich grad für den Gaul hier tauschte,
nachdem ich mit dem Reiter plauschte."

„Herrjemine!", ruft der Barbier,
„ich hab´ kein scharfes Messer hier,
um Drosselbart den Bart zu scheren,
der wird sich wieder mal beschweren."

„Herrjemine!" schreit laut der Hahn,
die Angst, sie bricht sich ihre Bahn.
Die Katze spricht: „Du sollst Dich schämen,
komm nur mit uns und kräh in Bremen!"

Schneewittchen schrie: „Herrjemine!",
wenn ich so auf den Apfel seh,
den mir die alte Frau gestiftet,
fällt mir grad auf, der ist vergiftet."

Auch rief „Herrjemine!" der Wolf,
„die 7 Geißlein spielen Golf.
Jetzt schnapp ich mir ein 6er-Eisen
und will sie am Loch 9 verspeisen."

Der Leser ruft: „Herrjemine!,
wenn ich hier auf die Verse seh´,
klapp ich das Buch wohl lieber zu,
dann haben auch die Märchen Ruh´."

**Attentat im Märchenwald**

Im Märchenwald gibt es Randale,
denn jemand warf eine Sandale
dem Rumpelstilzchen an den Kopf,
jetzt rinnt das Blut von seinem Schopf.

Der Rumpelstilz, er schreit vor Wut,
der Schmerz, er tut ihm gar nicht gut.
Er tanzt nicht mehr auf einem Bein
und wie er heißt, fällt ihm nicht ein.

Des Müllers Tochter sitzt im Turm:
„Ich hasse zwar den kleinen Wurm,
doch Schuhe werfen ist fatal,
um nicht zu sagen asozial!"

Sie kann dem Turme nicht entrinnen
und muss das Stroh zu Gold verspinnen.
Dies Alibi dient als Beweis,
dass sie nichts warf und auch nichts weiß.

Das Aschenputtel meint beklommen,
ein solches Handeln sei verkommen.
Sie denkt kurz nach und führt dann aus:
„Ich war den ganzen Tag im Haus!

Drum bin auch ich es nicht gewesen,
ich fegte grade mit dem Besen
die Krumen weg vom Küchenboden
und wischte Staub von den Kommoden."

Dornröschen ruft: „Ich hab´ gedöst,
der Prinz hat mich noch nicht erlöst!
Er steckt noch fest im Bällebad,
ich weiß nichts von dem Attentat."

Frau Holle ruft: „Auch ich war´s nicht,
in meinen Fingern tobt die Gicht.
Denn Schnee erzeugen mit den Kissen
ist mühsam und doch recht beschissen."

Doch Rumpelstilz fragt voller Qualen:
„Wer trägt denn hier im Wald Sandalen?
Ich will mit einem Fluch mich rächen,
man trete vor und möge sprechen!"

Schneewittchen ruft: „Welch ein Tam-Tam!"
Sie lehnt relaxed an einem Stamm
von einer ur-ur-alten Linde
und hofft, dass man den Täter finde.

Es herrscht Verwirrung hier im Wald
und was jetzt aus dem Dickicht hallt
sind sieben Zwerge mit Laternen,
sie nähern sich aus weiten Fernen.

Die Zwerge tragen Adiletten,
wobei sie gerne Schuhwerk hätten.
Der Matsch rutscht so in ihre Socken,
die Füße bleiben selten trocken.

Zwerg Max (das ist die Nummer drei)
erkundigt sich nach dem Buhei.
Man klärt ihn auf ob der Randale
und ob der schnöden Wurfsandale.

„Ich weiß, dass König Drosselbart
auf mancherlei Erkundungsfahrt
Sandalen trägt zu Kniebundhosen,
doch weilt der grad bei den Franzosen."

Der König scheidet also aus,
da tritt die Hexe vor ihr Haus,
mit Printen ist es reich bestückt,
sie geht recht langsam und gebückt.

„Ich trage stets nur Filzpantoffeln
und ernte derzeit Frühkartoffeln.
Drum weilte ich auf einem Feld,
sodass ein Tatverdacht entfällt!"

Zwerg Nase, der seit Jahresfrist
als Spürhund bei der Kripo ist,
hält nun sein Riechorgan gen Osten,
bezieht am Hexenhaus den Posten.

Und in der Nacht, wer hätt´s gedacht,
hat er nach einer wilden Schlacht
den Täter mit Bravour ermittelt
und ob der Täterschaft betitelt.

Der Rumpelstilz erfährt nun plötzlich
den Tatbestand, der nicht ergötzlich.
Der böse Wolf sei, ungelogen,
im Märchenwald falsch abgebogen.

Als dieses ihn zurecht verbittert
und er das Rumpelstilzchen wittert,
warf die Sandale er dem Tropf
vor lauter Wut an seinen Kopf.

Danach schlich er sich leis von dannen,
verschwand im Schutze vieler Tannen.
Zwerg Nase hat dies aufgedeckt
und ihn in einen Turm gesteckt.

Das Untier wurde kurzerhand
aus jenem Märchenwald verbannt.
Er muss jetzt Stroh zu Gold verspinnen
und aus dem Turm gibt's kein Entrinnen.

Die Müllerstochter darf hingegen
im Wald sich wieder frei bewegen.
Sie muss sich nicht mehr sinnlos quälen.
Das wollte ich Euch noch erzählen.

**Nicht ganz bei Trost**

## Hänsel und Gretel

Hänsel und Gretel, die sind ein Paar,
drum ist dieses Märchen in Teilen nur wahr.
Die Mütter der beiden sind meist von der Rolle,
die eine Rapunzel, die andre Frau Holle.

Der Vater von Hänsel heißt Olaf „Der Scholz",
er holt oft vom Walde das Fichtenholz,
das der Wind von den Bäumen hernieder gefegt
und was dann der Olaf zu Hause zersägt.

Nach der Fahrt mit dem Holz im dunkelen Tann
hält Olaf „Der Scholz" meist bei Christian an.
Und dieser ist nur als „Der Lindner" bekannt,
weil er einstmals von Olaf 10 Linden erstand.

Der Vater von Gretel heißt „Rumpelstilz",
er trägt selbst im Bett eine Kappe aus Filz.
In Wahrheit bekannt ist er auch als „Heinz Becker"
und als fürchterlich grantelnder Saarland-Checker.

Als er grad beim „Lindner" auf ein Gläschen Wein,
kommt Olaf „Der Scholz" überraschend herein.
Jetzt kommt mit dem Moped noch angekarrt,
der Chirurg vom Dorf, „Doktor Drosselbart".

Dieser hat fast immer in seinem Gepäck
ein rostiges, kleines Chirurgenbesteck.
„Für alle Fälle", spricht er dann ganz leise,
„begleitet mich dieses auf jedweder Reise!"

Der „Rumpelstilz" lässt die Bagage nun wissen,
er würde seit gestern die Gretel vermissen.
Auch Olaf „Der Scholz" informiert jetzt die drei,
dass auch Hänsel seit vorgestern abgängig sei.

„Die lesbische Königin" steht im Verdacht,
weil sie mit dem „Weidel" viel Böses vollbracht.
„Der Weidel", so nennt sie den Zauberstab,
den ihr einst „Vlad, der Putin" beim Hexentanz gab.

„Der tapfere Habeck" kommt nun ins Spiel,
alles Böse zu jagen, das ist sein Ziel.
Er will bei der Königin näher erkunden:
Sind Hänsel und Gretel durch den „Weidel"
verschwunden?

„Der tapfere Habeck", der weiß ja bereits,
die Königin wohne im Lande der Schweiz.
Sie hat eine Hütte recht mittig im Wald,
dort macht sie die Opfer per Hausschlachtung kalt.

„Der Lindner" und Kumpel Olaf „Der Scholz",
sie schnappen sich jeder ein Nudelholz.
Nebst „Rumpelstilz" und „Doktor Drosselbart"
erreicht man die Schweiz nach verwegener Fahrt.

„Der tapfere Habeck" fährt jetzt voraus
und erkundet schon vorher der Königin Haus.
Ein Krawall ist zu hören von hinter dem Fenster,
als tanzten dort Mambo eine Horde Gespenster.

Er sieht durch die Scheibe die Bratröhre glühen
und die Hexe sich grad um die Kohlen bemühen.
„Der Weidel" verzaubert indes einen Rochen,
den gibt es zum Nachtisch als Liebesknochen.

Und heute, zu herzhaften Mischsalaten,
gibt`s Hänsel als Dinner, gut durchgebraten.
Und ob ihres Fangs ist die Königin stolz,
doch jetzt naht die Rettung per Nudelholz.

Mit jenem Gehölz unter lautem Geschrei
fegt die rächende Meute urplötzlich herbei.
Zuerst wird „Der Weidel" in Stücke zerfetzt,
danach wird die Hexe zum Bratrohr gehetzt.

Mit Anlauf behände stößt man sie in die Glut,
der Hexe wird heiß und sie schreit voller Wut.
Der Hänsel wird jetzt aus dem Käfig befreit,
was zum Schluss alle Leser und die Gretel erfreut.

„Doc Drosselbart" holt noch aus seinem Gepäck
sein rostiges, kleines Chirurgenbesteck.
Und mit dem Skalpell sticht er grade mal so
der Hexe als Gar-Test beherzt in den Po.

„Die Alte ist durch", ruft der Doktor gelassen,
„wir können in Ruhe jetzt Essen fassen."
Doch scheint appetitlos die restliche Meute…

***…und wenn sie nicht gestorben sind, dann
hungern sie noch heute!***

# Kapitel 6

## Himmlisches

## Gott lacht gerne mal ein wenig

**Gott**, der Herr, ist unser König.
Er lacht auch gerne mal ein wenig.
Dreifaltig muss man ihn benennen,
Als Scherzbold wird man ihn nicht kennen.

Auch wenn er über alles wacht,
ist´s Gott, der Herr, der gern mal lacht.
Dann schickt er uns, ganz ungelogen,
recht freudig einen Regenbogen.

**Wenn** Petrus seine Schlüssel sucht
und manchmal drum recht lauthals flucht,
dann lacht der Herr vom hohen Thron,
er kennt den Schussel Petrus schon.

Der Herr nimmts leicht, denn er ist gütig,
drum ruft er dann sehr übermütig:
„Ich helfe Dir sehr gern beim Suchen,
doch hör erst auf herumzufluchen!"

**Ein** Mensch mit Namen Gustav Scholke
sitzt ganz verträumt auf einer Wolke.
Er war einst Clown im Zirkus Krone
und seine Scherze war´n nicht ohne.

Wenn er im Himmel Späße treibt,
bei Gott kein Auge trocken bleibt.
Drum hat der Herr ihm unverrichtet
nen Himmelszirkus eingerichtet.

**Heinz Rühmann** sitzt auf Wolke 4
mit Udo Jürgens am Klavier.
Sie singen schon sehr früh um Acht:
„Der Teufel hat den Schnaps gemacht.“

**Heinz Ehrhardt** fühlt sich oft verpflichtet,
dass er dem Herrn schnell etwas dichtet,
damit, wenn Gott sehr traurig ist,
der Menschheit Sünden er vergisst.

**Die Queen**, sie sitzt auf Wolke 10,
von dort aus kann sie gut versteh´n,
was ihr Sohn Charles ganz unverzagt
auf Englands Thron so alles sagt.

Auch unsren Herrn erheitert´s sehr,
drum nimmt er sich ein Hörrohr her.
Er lauscht dem King ganz unverfänglich,
denn Gott, der Herr, versteht auch Englisch.

**Es** gibt im Himmel doch auch jene
(man glaubt es nicht, drum ich´s erwähne),
die ärgern die Dreifaltigkeit
mit arroganter Dreistigkeit.

Denn Engel Fritz und Engel Mike,
die riefen auf zum großen Streik,
sie forderten zwei Pudelmützen,
die wollen sie auf Wolken nützen,…

…um aufzuwärmen ihren Schopf,
im Wind, da wär´ es kalt am Kopf.
Man könne so nicht Harfe spielen
und einen reinen Ton erzielen.

Auch käm´ ein warmer Mantel recht,
es sänge sich im Nachthemd schlecht.
Ein Hosianna wär´ nicht drin,
man streike somit fürderhin.

Es grübelt die Dreifaltigkeit,
verschwunden ist die Heiterkeit.
Er schickt den Engel Gloria
mit einem Brief zu C&A.

Man hat dort schnell und unverdrossen
per Marsrakete hochgeschossen
die dreist erstreikten Anziehsachen,
jetzt kann der Herrgott wieder Lachen.

## Nicht ganz bei Trost

## Im Himmel ist der Teufel los

Im Himmel ist jetzt Rambazamba
und Petrus tanzt gerade Samba
mit Engel Ute durch die Wolken,
die grad die Himmelskuh gemolken.

Der heil´ge Geist tanzt einen Walzer,
der Herrgott schnupft sich einen Schmalzler.
Und Jesus, Sohn der heil´gen Sippe,
quiekt fröhlich auf der Kinderwippe.

Man hat sich närrisch angezogen,
Gott Vater der tritt ungelogen
als Sultan vor das Himmelshaus,
sein Outfit sieht zum Schreien aus.

Der heil´ge Geist geht als Pirat
mit einem Beinkleid aus Brokat.
Dazu schwingt er ´nen langen Säbel
und stochert wild im Wolkennebel.

Ja, es ist Karneval dort droben,
man sieht die Engel fröhlich toben
auf Wolken, die an allen Tagen
die Meute durch den Himmel tragen.

Man trinkt heut auch mal Alkohol
und mancher schreit ganz laut „Zum Wohl".
Die Kölner Engel schrei´n „Alaaf"
und schrecken manches Himmelsschaf.

Ein Engel, der gestaltlos schwebt,
der hat in Düsseldorf gelebt.
Ihm wird bei dem „Alaaf" ganz flau,
er ruft am liebsten nur „Helau".

Der Herrgott ruft nur: „Das ist Wurst!
Bringt mir ein Met für meinen Durst
und für den Hunger auf die Schnelle
´ne leck´re Fleischklopsfrikadelle".

Der heil´ge Geist ruft aus der Küche,
dem Zentrum aller Wohlgerüche:
„Ein Kölner Engel hat vermessen
die Frikadellen aufgefressen.

Und Chef, das ganze Met ist aus,
wir haben noch im Himmelshaus
ein kühles Alt ganz frisch vom Fass,
da kriegt die Blase richtig Spaß."

Ganz unten in der Hölle Tiefen,
wo Teufel und auch Sünder schliefen,
wird man jetzt wach von dem Radau.
Drum macht der Satan sich jetzt schlau.

Im Schwefeldampf steigt er empor
und hört wie just der Engel Chor
das „Humba Täterä" besingt,
was für ihn recht befremdlich klingt.

„Was ist denn hier für ein Geschrei,
ein Saufgelage, ein Buhei?
Ich kann den Lärm nicht akzeptieren,
der geht mir an die Teufelsnieren!"

Der Höllenfürst wird ausgepfiffen,
drum hat der Teufel schnell begriffen,
auch weil er sich recht laut beschwert,
ist er im Himmel nicht begehrt.

Das Jesuskind riskiert ´ne Lippe
und schreit von seiner Kinderwippe:
„Mach Dich hinfort Du Teufelsbrut,
steig schnell hinab in Deine Glut.

Der Karneval, in dem man lacht,
ist nicht als Teufelszeug erdacht.
Wir wollen feiern, tanzen, lachen
und einmal jährlich Unsinn machen.

Du weißt als böser Antichrist
nicht wirklich wie man fröhlich ist.
Mach Dich hinfort in Deine Tiefen,
dort kannst Du kräftig weitermiefen."

Von der Geschichte die Moral:
„Im Himmel darf auf jeden Fall
ein guter Mensch stets lustig feiern,
der Sünder muss im Feuer eiern."

## St. Nikolaus

St. Nikolaus, in diesen Tagen,
wird zügig durch das Städtchen jagen.
Er sucht die Guten wie die Bösen,
die Ruhigen auch und die Nervösen.

Sein Schlitten zieht ein Warzenschwein.
Man denkt bei sich, wie kann das sein?
Der Zosse, der ihn sonst begleitet,
in Zukunft für St. Martin reitet.

Jetzt muss er sich auf Rat der Elfen
mit einem Warzenschwein behelfen.
Das ist zwar etwas ungemütlich,
doch ist der Gaul-Ersatz recht friedlich.

Es grunzt im Schweinsgalopp recht lüstern,
die Schwarte bebt, wie auch die Nüstern
und ab und an, da fällt beim Laufen
ein kleiner Warzenschweinehaufen.

Sankt Nikolaus kommt in Sandalen,
in Stiefeln hat er arge Qualen.
Es drücken ihn die Hühneraugen,
weil enge Stiefel nicht viel taugen.

Im Winterwetter merkt er fix,
mit den Sandalen ist das nix.
Es werden seine Füße nass,
denn Schnee im Schuhwerk ist kein Spaß.

Ein Regenschirm der wäre nötig,
doch ist der nirgends anerbötig.
Die Schirmgeschäfte sind geschlossen,
doch Nikolaus bleibt unverdrossen.

Der heil´ge Mann trägt einen Sack
und ebenfalls mit Sack und Pack
folgt ihm Knecht Ruprecht durch den Schnee
mit einem nassen Haartoupet.

Es hat der Knecht mit viel Bedacht
auch eine Rute mitgebracht.
Die hält er für die Brut parat
als Lohn für manche Missetat.

Knecht Ruprecht ist recht missgestimmt,
er hat heut noch kein Kind vertrimmt.
Doch jetzt trifft er auf Schulzens Ute,
die kriegt was mit der Reisig-Rute.

Denn Engel haben oft erzählt,
dass dieses Kind die Katzen quält.
Auch trat sie mehrmals nach den Hunden
und hat den Hamster arg geschunden.

Drum kriegt sie jetzt was auf den Po,
das macht das Kind mitnichten froh.
Und sehr verängstigt schwört sie jetzt,
dass sie fortan kein Tier verletzt.

Dem guten Vorsatz eingedenk,
erhält auch Ute ein Geschenk.
Denn Nik´laus ist ein guter Mann,
der Sündern auch verzeihen kann.

Beschenkt wird auch von Schmitz die Uschi,
sie kriegt ´ne Puppe namens „Wuschi".
Und Maiers Egon kriegt ´ne Tröte,
doch will der lieber eine Flöte.

Gleichwohl geht er ins Treppenhaus,
probiert sofort die Tröte aus.
Er trötet laut und recht verkehrt,
worauf der Hauswirt sich beschwert.

Im Nebenhaus, die kleine Mandy,
bekommt vom Nikolaus ein Handy.
Kowalczyks Waclaw ist ein Pole,
er angelt sich ´ne Spielkonsole.

Die schließt er gleich am Hausstrom an,
weil man gleich besser spielen kann.
Die Sicherung fliegt prompt heraus,
im Dunkeln steht St. Nikolaus.

Jetzt schnell zum Kleinkind Eva Bock,
die oben wohnt, im dritten Stock.
Sie kriegt ein Schaukelpferd als Gabe,
weil sie bisher noch keines habe.

St. Nikolaus ist sehr zufrieden,
er gab Geschenke gern hienieden.
Ihn freut es, dass die kleinen Rangen
zum Abschluss ihm ein Liedlein sangen.

Nur war das Lied, was ihm gesungen,
am Strand vom Ballermann entsprungen.
Von 10 Friseusen sang man laut,
die waren nackt bis auf die Haut.

Gar mancher sprach auch ein Gedicht,
ob es recht geistreich oder nicht.
St. Nikolaus, schon halb erfroren,
hört trotzdem zu mit wachen Ohren.

Am Ende will ich gern noch eben
davon ein kleines Beispiel geben.
Der kleine Klaus hat es gedichtet,
so hat sein Vater mir berichtet:

*Von draußen vom Walde kommst Du her,*
*Du sagtest uns immer „Es weihnachtet sehr!"*
*Doch sehe ich eigentlich gar nichts davon,*
*nur Krieg gibt's und Zwietracht in übelem Ton.*

*Ich bitte Dich mach, dass es Frieden werde*
*und die Natur bald gesunde auf unserer Erde.*
*Bei diesen Wünschen, die ich an Dich habe,*
*verzichte ich gerne auf jegliche Gabe.*

# Kapitel 7

## Kulinarisches

## Lecker, Lecker

Ein *Hühnerbein mit Buttercreme*
ist mir zum Mahl nicht angenehm.
Nach *Schoko-Kuss mit Remoulade*
kennt die Verdauung keine Gnade.

Auch ein *Parfait von zarter Qualle*
ist nichts für Leber und für Galle.
Es wird den Magen nicht genieren,
auch hier mit Macht zu rebellieren.

Und liegt vor mir in einer Schüssel
vom Elefant *kandierter Rüssel*,
dann ruf ich laut: „Das ess ich nicht,
weil man danach abrupt erbricht!"

*Vom Känguru Frittierter Beutel*
drängt mir den Ekel bis zum Scheitel.
*Geschmortes Meerschwein* als Ragout
ist auch nicht eines Festmahls Clou.

Den *Milchreis, schön gewürzt mit Zimt,*
der im Geschirr *mit Eisbein* schwimmt,
kann als Gourmet ich niemals ehren,
ich werde mich des Mahls erwehren!

Bei *Affenhirn, sehr zart gesotten,*
kann ich nur aus dem Gasthaus trotten.
Seh ich *glacierte Kudu-Schwänze*
versagt mein Appetit in Gänze.

*In Rum getränkte Krötenaugen,*
die nicht einmal als Nachtisch taugen,
die lass ich stehen, weil´s mich schüttelt,
auch wenn sie als Genuss betitelt.

Von *Schlangenhaut, kurz angebraten,*
ist jedem Leser abzuraten.
Die Haut verbleibt, möcht ich erwähnen,
am andren Tag noch in den Zähnen.

*Flambiertes Faultier an Risotto*
beschert mir einen „Flotten Otto",
genau wie *Panda überbacken*,
danach kann ich nur Dünnes kacken.

Bei *Regenwürmern mariniert*
mein Appetit sehr schnell gefriert.
Ich wünsch mir sehnlichst Speisekarten
mit Speisen, die nicht gleich entarten.

Doch bringt *gekochter Salamander*
die Speisenwünsche durcheinander.
Und auch der *Laubfrosch an Garnelen*
wird mein Gedärm recht schmerzhaft quälen.

Genauso ist es mit dem *Molch*
*gespießt auf einen Fischschwanz-Dolch.*
Ich kann auch hier Dir nur versprechen,
Du wirst in Kürze jäh erbrechen.

Das *Steak von einem Gartenigel*,
*gegart auf einem Mauerziegel*,
wird meine Stimmung nicht erheitern,
mein Zahnfleisch wird in Bälde eitern.

Den *Schmetterling mit Eierschnee*
*auf einem Bett von Erbspüree*
hab´ ich als Highlight nie geordert,
weil es den Gaumen überfordert.

*Tarantel kurz sautiert an Sprossen*
hab´ ich tatsächlich nie genossen.
Von *Gartenwespen an Tomaten*
hat man mir gleichfalls abgeraten.

*Gedämpfte Ratte mit Spinat*
isst sicher gern der Asiat.
Doch muss ich solches mir verbitten.
**Dann lieber Currywurst mit Fritten!**

# Kapitel 8

## Politisches

## Die Qual der (…falschen) Wahl

„Wer Rechts wählt, der hat wohlgetan!"
So fängt ein Gruselmärchen an.
Man muss akut wohl wieder bangen,
dass rechte Kräfte Menschen fangen.

Wenn man demnächst die Fackeln sieht,
womit man durch die Straßen zieht,
dann wird gar manchem plötzlich klar,
dass Rechts zu wählen dümmlich war.

De-mo-kra-tie wird abgeschafft,
wenn man zu spät die Ziele rafft,
die rechte Massen propagieren,
drum muss der Rechtsruck uns frustrieren.

Ich denk zurück an eine Zeit,
da war man allzu gern bereit,
den Rechten hinterher zu laufen,
es gab danach viel Blut zu saufen.

Doch wer wählt neuerdings die Meute,
das frag ich mich jetzt, hier und heute.
Die Jugend, die vor TikTok hockt,
man dreist zur rechten Stimme lockt.

Durch zweifelhafte Wahlparolen
will man vom Nachwuchs Stimmen holen.
Geschichte, sie ist weit entfernt,
drum hat man nichts aus ihr gelernt.

Auch die, die hinter Mauern lagen
und frei jetzt einen Aufstand wagen,
für die ist wählen aus Protest
ein rachereifes Jubelfest.

Mag sein, sie wählen jetzt aus Frust,
obwohl es ihnen sehr bewusst,
dass Rechtsextremes irrig ist,
weil dies die eigne Freiheit frisst.

Was ich hier vor der Wahl beschrieb,
weil mich die Ethik dazu trieb,
soll helfen alle abzuhalten,
durch falsche Wahl das Volk zu spalten.

*(Anmerkung der Autorin: Dieses Gedicht schrieb ich vor der Bundestagswahl 2025)*

## Trump

Wenn Trump bei Schnee im Freien pullert
und auf die Langlaufpiste strullert,
dann sagt man auch, wie Ihr wohl wisst:
„Der gute Mann ist ein Trumpisst!"

Und wenn er Fakenews reklamiert,
doch selbst mit Lügen kokettiert,
erscheint als Scharlatan er gar,
von Kopf bis Fuß, mit Haut und Haar.

Ich nenn ihn deshalb „Trumplatan",
der Märchen gut verkaufen kann.
Was er als Haar sein Eigen nennt,
man hier bei uns als Nistplatz kennt.

Auch scheint es mir, dass Trump sich schminkt,
weil an den Schläfen Weißes blinkt.
Der Mann ist wahrlich ein Narzisst,
drum nenn ich ihn auch gern „Trumpzisst".

Das Mienenspiel, mit dem er tönt,
bin ich vom Poltergeist gewöhnt.
Recht maskenhaft ist sein Gesicht
wenn er mit Drohgebärden spricht.

Jetzt hat er Musk an seiner Seite,
„Trumpusk" so nenn ich ihn ab heute.
Noch teilen sie nicht Tisch und Bett,
doch vor dem Kopf ein Riesenbrett.

Wenn Alice mit dem Weidel wedelt
und Trump im Oval Office blödelt,
ruft jeder Demokrat voll Schrecken:
„Bei uns agieren jetzt Trumpjecken!"

Die Amis wählten diesen Mann,
der meistens nur laut poltern kann.
„Trumpolter" scheint mir akkurat
als neuer Name adäquat.

Mit seiner Faust wird unterstrichen:
„Es wird kein Deut mehr abgewichen
von dem, was ich als Trump befohlen,
der Rest der Welt bleibt mir gestohlen!"

Ja Trump mit seinem rechten Filz
erinnert mich an Rumpelstilz.
Durch sein Geschrei und sein Gerumpel
heißt er für mich jetzt nur „Trumpumpel".

Liest Trump „LGBTQI",
dann fragt er sich nur: „Bitte wie?"
Wer anders ist, ist ihm ein Graus,
da zieht er schnell die Stirne kraus.

Auf gleichgeschlechtlich kann er nicht,
drum ist es ihm auch eine Pflicht,
die Ehe jener einzuschränken,
sie sollen sich den Schwachsinn schenken.

Mir scheint der Mann recht ignorant,
ich nenne ihn jetzt „Trumporant".
Man kann auch „trumpophil" ihn nennen,
der Worte Sinn ist nicht zu trennen.

Es ist für mich nicht sehr frappierend,
dass er für sich jetzt ignorierend
ein Urteil, dass ihn schuldig sprach,
er denkt noch nicht mal drüber nach.

Sein Stil ist einfach nur unmöglich,
um nicht zu sagen schlimm und kläglich.
Denn Trump, der kennt kein Augenmaß,
sein Egotrip macht keinen Spaß.

# Kapitel 9

## Feste und Feiern

## Oktoberfest

Ein Dirndl wird in diesen Tagen
auch hier im Rheinland gern getragen.
Es quillt hervor der Jungfrau Busen,
an dem sehr gern die Rentner schmusen.

Die Dirndlschleife zeigt Dir an,
ob man die Maid noch haben kann.
Wird man die Schleife rechts erleben,
dann ist die Maid bereits vergeben.

Trägt sie sie links an ihrem Kleid,
ist sie für jeden Spaß bereit.
Trägt sie sie mittig, welche List,
heißt das, dass sie noch Jungfrau ist.

Die Burschen tragen Lederhosen,
nicht nur die Bayern, auch Franzosen.
Man trägt die Hosen gern mit Latz
zwecks Zugriffs auf den größten Schatz.

Der Gamsbart wird am Hut getragen!
Das werden uns die Bayern sagen.
Ein großes Büschel zeigt dann an,
der Träger ist ein reicher Mann.

Man freut sich der Oktoberfeste,
in Bayern säuft man auch die Reste,
die mancher Preuße stehen ließ,
ein Bayer ist vor gar nix fies.

In Bayern spricht man Dialekt,
den man im Rheinland nicht gleich checkt.
„Wo isns Häusl" fragt der Mann,
wenn er das Klo nicht finden kann.

Man kann bei Starkbier sehr gut *ratschen*,
und oftmals gibt es eine *Watschen*,
wenn wer wem sagt, er sei ein *Simpel*,
prompt landet der im *Wiesn*-Tümpel.

*Oachkatzl* heißt man auf die Schnell
ein Nagetier mit braunem Fell.
Und „*Pfiat Di*" ist ein lieber Gruß,
wenn jemand Abschied nehmen muss.

Der *Leberkaas*, weiß auch der Streber,
ist nicht aus Käse, nicht aus Leber.
Ein *Brathendl*, das ist ein Hahn,
der kommt im Bierzelt super an.

Man hört dort fesche Blasmusik,
von der ich Ohrensausen krieg.
Auch grölt man in der Bayernrunde
das Volkslied von der „Rosamunde".

Der Lärm dringt mir durch meine Ohren,
ein Tinnitus wird mir geboren.
Man kann im Bierzelt zwar nicht rodeln,
doch zu der *Musi* kann man jodeln.

Ich hab´ dort manche *Maß* gesoffen
und wirklich nette Leut´ getroffen.
Und nach 3 Maß, da konnt´ ich seh´n,
ich kann auch bayrisch jetzt versteh´n.

Oktoberfest stammt zwar aus Bayern,
doch auch im Rheinland will man´s feiern.
Es gibt *a Maß* und auch *a Musi*
und mancher hat zum Schluss *a Gspusi*.

**Oktoberfest-Schmankerl**

In Bayern trinkt man gern a Maß,
doch mir macht das nur selten Spaß.
Denn ist der Liter erst geschluckt,
ist es die Blase, die mich juckt.

Ich eile, um zum Klo zu laufen,
danach kann ich dann weitersaufen.
Die 2. Maß, die ist mein Ziel,
der Klo-Besuch ein böses Spiel.

Ich sauf dann weiter Stund um Stunde,
zumeist in einer frohen Runde.
Die zehnte Maß gibt mir den Rest,
oh herrliches Oktoberfest.

Auch weiße Würste gibt's daneben,
die allgemein die Stimmung heben.
Mit süßem Senf verspeist man diese
im Bayernland auf einer Wiese.

Selbst Haxen, die mir meist willkommen,
kann man im Bayernzelt bekommen.
Doch nach 8 Würsten und 2 Haxen
ist mir ein Unwohlsein erwachsen.

Gleichwohl, die Stimmung ist sehr heiter,
nach jedem Klogang geht es weiter.
Auch Sauerkraut wird nicht verschmäht
wonach mein Darm schon wieder bläht.

Oktoberfest, das ist nur einmal
und einmal feiern, das ist keinmal.
Zur nächsten Maß, weil´s mir gefällt,
wird jetzt ein Leberkäs bestellt.

Ein Obazda wird noch verdrückt,
wobei mich meine Hose zwickt.
Die Naht ist dann recht schnell geplatzt,
was mich jedoch recht wenig kratzt.

Die Dampfnudel, die ich geordert,
die hat mich gänzlich überfordert.
Mein Mops, der frisst vergnügt den Rest,
selbst er liebt das Oktoberfest.

Zum Schluss, da konnte ich nur lallen
und bin von meiner Bank gefallen.
Der Bärwurz-Schnaps hat mich geschafft
und um ein Haar dahingerafft.

Ich habe vieles überzogen,
doch sag ich Euch ganz ungelogen:
Oktoberfeste muss man feiern,
auch hier bei uns, nicht nur in Bayern.

**Auf dem Rummel**

Frau Schmidt fährt gerne Karussell,
mal ganz gemächlich, mal ganz schnell.
Sie jauchzt und schreit vor lauter Lust,
die Schwerkraft zieht an ihrer Brust.

Auch wenn der Wind ihr Haar zerzaust,
es ihr bei jeder Drehung graust,
so freut sie sich der tollen Runden
mit jedem Gramm und allen Pfunden.

Es zieht sie auch zur Achterbahn,
dort fährt sie dann mit Affenzahn
die Berge rauf und wieder runter,
der Magen wird im Bauchraum munter.

Denn manche Fahrt ist ein Gefecht
und ihr wird unvermittelt schlecht.
Der Brechreiz fährt durch ihre Glieder
und sie spuckt Bröckchen hin und wieder.

Sofort nachdem sie ausgestiegen
entledigt sie sich jener Fliegen,
die lästig ihr entgegen schwebten
und fest an ihren Zähnen klebten.

Nachdem die Zähne makellos,
zieht sie sogleich von neuem los.
Sie holt sich eine Zuckerwatte,
weil sie bislang noch keine hatte.

Am Bratwurststand von Heini Wüste
erweckt die Currywurst Gelüste.
Danach ein Backfisch mit viel Öl,
doch gibt es danach ein Genöl.

Denn dieses Öl, es läuft, „Au Backe!",
recht schleimig auf die Sommerjacke.
Die Jacke ist nun nicht mehr frisch,
sie ist versaut und stinkt nach Fisch.

Jetzt geht Frau Schmidt im Rummelwahn
geradewegs zur Geisterbahn.
Dem ersten Geist, der sie umfegt,
hat sie die Jacke umgelegt.

Nach üppigem Gespensterwuseln
ist dann Frau Schmidt mit leichtem Gruseln
zum Los-Stand hin um´s Eck gebogen
und hat sich dort ein Los gezogen.

Ein Plastiktier, nicht viel an Wert,
hat ihr der Losgewinn beschert.
Mit diesem Dings marschiert sie flott
zur „Wilde Maus" in schnellem Trott.

Mit neuer Jacke fährt sie los,
das Plastiktier auf ihrem Schoß.
Und wieder braucht Frau Schmidt ´nen Kübel,
ihr Antlitz grünlich, ihr wird übel.

Gleich hat sie dem, was aufwärtsstrebt,
den falschen Ausgang prompt verklebt.
Mit Kräuterschnäpsen, unverzagt,
hat sie den Brechreiz schnell verjagt.

Zum Autoscooter treibt´s sie jetzt,
wo sich das Plastiktier verletzt.
Per Kollision mit andren Wagen
muss jenes Tier ein Loch beklagen.

Frau Schmidt jedoch bleibt froh und heiter,
sie kauft noch Popcorn und zieht weiter.
Im nächsten Jahr kommt sie zurück,
der Rummel bleibt ihr höchstes Glück.

**Geschenkewahnsinn**

Geschenkewahnsinn macht sich breit,
gerade jetzt zur Weihnachtszeit.
Die Oma kriegt, ich will´s erwähnen,
ein Festpaket mit dritten Zähnen.

Jetzt kann sie wieder Plätzchen essen,
das konnte sie bisher vergessen.
Denn grad der Biss in die Makronen,
der wollte nie ihr Kauwerk schonen.

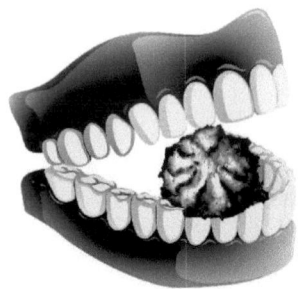

Zwei bunte Schlipse für den Vater,
ein neuer Fressnapf für den Kater,
ein Spielzeug für den Papagei,
es ist für jeden was dabei.

Selbst unser Hamster kriegt ein Rad,
in dem er viel zu laufen hat.
Er läuft sich gleich die Fersen wund,
dies tut er durch sein Fiepen kund.

Der Dackel Franz kriegt einen Knochen,
den hat er gestern schon gerochen.
Dem Goldfisch im Aquarium
mischt man das Wasser heut mit Rum.

Der Opa kriegt ein Fässchen Bier,
das stellen wir ihm aufs Klavier.
„Es gibt kein Bier dort auf Hawaii",
das spielt er prompt und singt dabei.

Der Onkel Franz hat nur ein Bein,
drum packt man ihm ein zweites ein.
Das konnten wir aus Holz erstehen,
jetzt kann er wieder richtig gehen.

Nun tanzt er wieder Kasatschok
und fasst der Tante untern Rock.
Drum wird die Tante ungemütlich,
gemeinhin ist sie sanft und friedlich.

Damit sie friedlich bleibt und froh
erhält sie für ihr neues Klo
ein Klositzdeckchen selbst gestrickt,
was Tante Lisbeth sehr entzückt.

Die Mama freut sich ob der Gaben,
die wir als Kinder für sie haben.
Zum Beispiel ist das für die Haare
ein Föngerät als Chinaware.

Sie hat es sofort ausprobiert,
worauf der Fön dreist explodiert.
Versengt ist nun der Haare Schopf,
es stinkt und qualmt von ihrem Kopf.

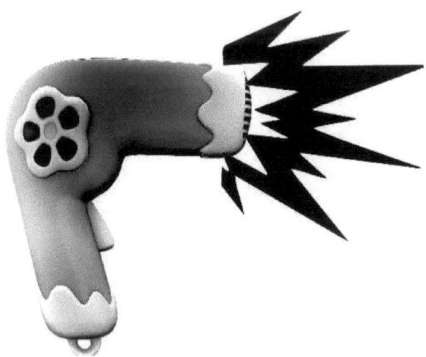

Doch wird die Mama nicht nervös,
sie ist uns Kindern auch nicht bös.
Sie warnt uns nur: „Kauft ihr was ein,
dann darf es nichts aus China sein!"

Die Schwester kriegt ein neues Handy,
das ist das Größte für die Mandy.
Sie hustet, weil sie hektisch kaut
und dabei nur aufs Handy schaut.

Sie hat sich prompt danach erbrochen,
besudelt so des Dackels Knochen.
Beleidigt ist der abgedampft,
derweil die Mandy weiter mampft.

Ich selbst bekam zwei Ohrenstecker
und einen schönen Radiowecker.
Wenn ich im Bett zu lang mich suhle,
dann sagt er mir: „Du musst zur Schule!"

Es lohnt sich immer beim Beschenken
zuerst darüber nachzudenken,
was man den Liebsten übergibt,
sonst macht man sich sehr unbeliebt.

Geschenkewahnsinn füllt die Kassen,
kein Händler wird den Wahnsinn hassen.
Der Umsatz steigt, die Kasse lacht.
Ein dreifach Hoch der heil´gen Nacht.

**Nicht ganz bei Trost**

**In der Weihnachtsbäckerei**

In Schulzes Weihnachtsbäckerei,
da gibt es heute viel Buhei.
Der Lehrling Max, er backt schon Plätzchen,
doch macht er dabei blöde Mätzchen.

Zum Spritzgebäck packt jetzt der Schurke
als Teigzusatz ´ne Essiggurke.
Dazu noch Senf, denn Senf ist billig
und so ein Mürbeteig ist willig.

Der Stollen, den er dann behandelt,
wird jetzt mit Zwiebeln umgewandelt
in ein illustres Festgebäck
mit Paprika und Räucherspeck.

Vanillekipferl, wohl fünfhundert,
bestreut er feist, was sehr verwundert,
(aus Kokain) mit weißem Puder,
er hat davon ein ganzes Fuder.

Makronen werden jetzt kreiert,
doch mischt er völlig ungeniert
Gehacktes unter Kokosflocken,
das haut den Kenner von den Socken.

Der Meister Schulze eilt herbei,
betrachtet sich die Schweinerei.
Er macht jetzt einen Kipferltest
und schon beginnt sein Weihnachtsfest!

Er grinst wie blöd und scheint enthemmt,
der Bäckersgattin ist dies fremd.
Sie tritt hinzu, scheint irritiert,
wobei sie auf den Gatten stiert.

Der schnappt sein Weib und grinst debil,
gebärdet sich recht infantil.
Er bellt wie Schulzes Dobermann,
der pennt im Korb gleich nebenan.

Von dem Gebell jäh aufgeweckt
hat sich der Dobermann erschreckt.
Drum hetzt das gute Hundetier
in Meister Schulzes Backrevier.

Zehn Kipferl hat er aufgefressen,
jetzt kann man auch den Hund vergessen!
Sein Beinchen hat er angewinkelt
und auf das Stollendings gepinkelt.

Der Lehrling lacht ob seiner Taten:
„Mir ist ein großer Spaß geraten.
Ich bin als Lehrling zwar gescheitert,
doch hab´ ich manch Rezept erweitert."

Bei Bäcker Schulze an der Eck
verkauft man jetzt das Festgebäck
nebst dem kreierten Weihnachtsstollen,
den plötzlich alle haben wollen.

Auch um die Kipferl reißt sich heute
ganz plötzlich eine Riesenmeute.
Sie tanzen, singen und sie bellen,
geschädigt sind der Hirne Zellen.

So wird das Weihnachtsfest wohl heuer
zu einer tollen Rauschfestfeier.
Der Lehrling zwar die Geister rief,
doch war der Bub recht kreativ.

## Nicht ganz bei Trost

# Kapitel 10

## Verse ohne Sinn

**Verse ohne Sinn: „Ente im Baum"**

Sehr hoch im Baum hockt eine Ente.
„Ach, wenn ich nur herunterkönnte!"
Sie hat sich wohl total verirrt,
das Federvieh es scheint verwirrt.

Auf einem Zweig, im Baum ganz rechts,
befindet sich das Nest des Spechts.
Er denkt, als er das Vieh erblickt,
dass jene Ente nicht recht tickt.

„Die Ente stört!", schreit jetzt der Specht,
„Geflügel hat hier nicht das Recht,
so mir nichts, dir nichts aufzukreuzen!"
Die Ente weint und muss sich schnäuzen.

„Ich bin durch Zufall hier gelandet,
um nicht zu sagen hier gestrandet.
Ich seh´ seit Tagen nur sehr schlecht",
entgegnet sie dem groben Specht.

Ein Brillenkauz ruft: „Komm zu mir,
ich hab´ genug an Brillen hier!
Auch habe ich hier Gleitsichtbrillen,
damit erkennst Du kleinste Grillen."

Ein Eichhorn pfeift mit schrillem Laut,
wobei es weiter Eicheln kaut.
Es denkt sich in des Baumes Kuppe:
„Das Ententier, das ist mir schnuppe!"

Im Baum erwacht ein Siebenschläfer
und frisst schnell einen Borkenkäfer.
Er schlief grad auf des Baumes Stamm
und schreckte hoch bei dem Tamm-Tamm.

Ein Dompfaff muss sich konzentrieren,
er will ´ne Messe zelebrieren.
Doch das Geschrei stört ihn extrem
und ist ihm nicht sehr angenehm.

Herr Drossel will Frau Amsel freien,
man wird dem Dompfaff nicht verzeihen,
wenn er das Ritual verbockt,
nur weil im Baum ´ne Ente hockt.

Ein Warzenschwein am Fuß der Eiche,
das grunzt, dass ihm der Lärm jetzt reiche.
Es kratzt am Baum sich seinen Speck,
der Leser denkt: „Zu welchem Zweck?“

Das Schwein meint frech: „Das Baumgerüttel
ist ein probates Gegenmittel.
Wenn dann am Baum kein Ast mehr hält,
das Ententier zu Boden fällt.“

Das Eichhorn findet es sehr gut,
was sich am Fuß des Baumes tut.
Durchs Schweinekratzen fliegen munter
die Eicheln wie von selbst herunter.

Jetzt muss es nicht durchs Blattwerk eilen,
es kann am Boden nun verweilen,
ganz lässig in der Wiese gammeln
und kiloweise Eicheln sammeln.

Die Ente hockt noch immer oben,
man hört den Specht noch immer toben.
Der Dompfaff rasch zur Ulme gleitet,
wo er die Messe vorbereitet.

Ein Falke naht mit weiten Schwingen,
kann er der Ente Hilfe bringen?
Sie rettet sich auf seine Flügel
und fliegt mit ihm auf einen Hügel.

Sie schnattert dankbar und verlegen,
der Falke kam ihr sehr gelegen.
Doch frisst er sie, was für ein Graus,
ein letztes „Quak", das Spiel ist aus!

## Nicht ganz bei Trost

**Verse ohne Sinn: „Tierisches Gedränge im Baum"**

In einer Buche hockt ein Gnu,
daneben sitzt ein Känguru.
Im selben Baum, mit hohem Fieber,
weilt Nepomuk, ein kranker Biber.

Der Leser tippt sich an die Stirn!
Der Autor ist wohl krank im Hirn!?
Doch sage ich, wie ich es seh:
„Das ist des Dichters Liberté!"

Die Freiheit nehm ich mir heraus,
doch sieht es wirklich albern aus,
wenn jetzt ein Nashorn gleichfalls zeigt,
wie es gekonnt den Baum besteigt.

Auch eine Kuh steigt jetzt putzmunter
den Baum herauf und wieder runter.
Ihr ist nicht wohl in dem Gedränge,
sie muht recht panisch ob der Enge.

Ein Lama kommt der Kuh entgegen,
dem Lama kommt es sehr gelegen,
dass jene Kuh jetzt abwärts hetzt
und es den freien Platz besetzt.

Ein Warzenschwein in Baumes Krone
prüft schnell, ob sich der Ausblick lohne.
Es hat das Risiko gewichtet
und hofft, dass sich das Blattwerk lichtet.

Der Biber zetert nun verschnupft:
„Das Gnu hat mir mein Fell zerrupft!"
Drauf hat sich jenes gleich versteckt
und sich mit Blättern abgedeckt.

Das Nashorn bläst nun in sein Horn,
das Känguru trinkt einen Korn,
das Lama wirkt recht ausgelassen
und hat gleich einen fahren lassen.

Ein Otter, der bei dem Tamm-Tamm
gelassen durch den Flusslauf schwamm,
der leckt sich seine Fußverletzung
und stutzt ob dieser Baumbesetzung.

Ein Flusspferd schwamm im selben Fluss
und hält es gleichfalls für ein Muss,
die Buche ächzend hochzuklettern,
das Nashorn will ein Volkslied schmettern.

Vom Nebenbaum drei Affen gaffen
und sehen jetzt, wie zwei Giraffen
die Buche ebenfalls erklimmen.
Mit diesem Baum kann was nicht stimmen!

Der Leser mag es wohl schon ahnen,
die Affen werfen mit Bananen
auf dieses tierische Gesindel,
das Gnu umfängt ein leichter Schwindel.

Durch dieses Werfen mit den Früchten
hält es das Gleichgewicht mitnichten.
Drum ist das Gnu herabgestürzt,
was seine Vita stark verkürzt.

Durch diesen sehr abrupten Fall
tat es ´nen vehementen Knall.
Ich wachte auf, es war ein Traum
von diesem tierbesetzten Baum.

**Verse ohne Sinn: „Tierisch Mobil"**

Der Kölner Zoodirektor Maus
schaut heute nicht sehr fröhlich aus.
Von seinen Tieren keine Spur,
sie sind wohl wieder mal auf Tour.

Der Zoodirektor denkt bei sich:
„Die Meute, sie ist fürchterlich!"
Denn Leergehege sprechen Bände,
er ist mit dem Latein am Ende.

Doch ist solch Treiben nicht obskur
und auch nicht wider die Natur.
Den Tieren ist die Freiheit wichtig.
Ein Schimpfen, das ist Null und Nichtig.

So fährt in einem Ruderboot
das *Känguru* ins Morgenrot.
Im Tretboot fährt gleich hinterdrein
*Angelika, das Wasserschwein.*

Der *Elefant* fährt Wasserski
in Gummistiefeln bis zum Knie.
Die *Kegelrobbe* kreischt vergnügt,
als er von seinen Skiern fliegt.

Der alte *Komodowaran*
fährt ängstlich mit der Straßenbahn.
Er konnte sich kein Ticket kaufen,
man schmiss ihn raus, nun muss er laufen.

Das *Gnu* fährt heute ab von Köln
per Gruppenticket bis nach Mölln.
Im ICE sind dann beizeiten
*Giraffen*, die das *Gnu* begleiten.

Man will *Gevatter Bär* besuchen,
bei ihm gibt´s heute Pflaumenkuchen.
Danach will er mit seinen Gästen
das neu gebaute Holzfloss testen.

Im Kleinbus holt *Alpaka Zapp*
die Horde jetzt vom Bahnhof ab.
Weil der zu klein für die *Giraffen*
muss das Getier durchs Fenster gaffen.

Per Moped nähert sich *Gertrude,*
*ein Papagei aus Buxtehude.*
Sie hat den Kleinbus jäh touchiert,
weil sie nur auf ihr Handy stiert.

Der junge *Panther Friedrich Klein*
holt alle jetzt per E-Bike ein.
Er schnappt begeistert nach *Gertrude,*
dem *Papagei aus Buxtehude.*

Das ist *Gertrude* gar nicht recht,
sie beißt dem *Panther* ins Gemächt.
Der fährt flugs weiter per Gestrampel
und kollidiert mit einer Ampel.

Ein *Marabu* im Postgefährt
fuhr jäh bei „Rot" (das war verkehrt!).
Die Sonne hat ihn irritiert,
so knallte es ganz ungeniert.

Weil es jetzt stürmt und draußen regnet
(ein Umstand, der die Fahrt nicht segnet),
klappt *Affe Max* in aller Ruh
das Dach von seinem Porsche zu.

Er hält an einem Rastplatz an,
da man es dort gut schließen kann.
Die *Bartagame Klara Schmidt*,
sie bittet ihn: „Nimm mich doch mit,…

…mein Wohnmobil ist ausgebrannt,
grad als ich auf dem Rastplatz stand.
Das Gasbehältnis war lädiert
und ist ganz plötzlich explodiert."

Ein *Geier*, der begeistert schwört,
dass er am liebsten Bulli fährt,
der lädt die *Bartagame* ein,
in dem Gefährt zu Gast zu sein.

Doch kaum sind beide abgefahren,
da ändert sich sein Hilfsgebaren.
Die Kinderstube scheint vergessen,
die *Bartagame* wird gefressen.

Ein *Dromedar* am Straßenrand,
das dort mit seiner Vespa stand,
es denkt bei sich, ob dieses Falles:
„Die *Geier* fressen wirklich alles!"

Ein *Löwe* gleitet froh und munter
per Sessellift den Berg hinunter.
Er gönnte sich dort eine Pause
bei Milch und einer Brettljause.

Ein *Stachelschwein* will sehr verwegen
per Gleitschirm durch die Lande fegen.
Doch wickelt der -es ist zu dumm-
sich jählings um ein Windrad rum.

Man kann die Tiere gut versteh´n,
sie wollen auch mal andres seh´n
als Käfige und Tiergehege,
die sind der Freiheit nur im Wege!

## Nicht ganz bei Trost

**Verse ohne Sinn: „Im Uhrwald"**

Man weiß bereits seit langem schon,
im Uhrwald gibt es manchen Ton,
der uns an unsre Ohren dringt
und oftmals sehr exotisch klingt.

Es gibt dort, wo sich Schlangen häuten,
sehr häufig ein bizarres Läuten,
begleitet durch ein „Tick und Tack",
zuweilen auch ein „Klick und Klack".

Und eine Spieluhr, sie spielt leise
im Uhrwald eine schöne Weise.
Auch kann man laut ein „Bimbam" hören,
das Waldgetier lässt sich nicht stören.

So stört die Eule auf dem Baum
das „Bimbam" und das „Tick-Tack" kaum.
Sie sorgt sich um die Brut im Ei,
der Krach geht ihr am Arsch vorbei.

Man hört an einer Silberpappel
ein Standuhrwerk mit viel „Gerappel".
Ein Perpendikel ist gebrochen,
der Stundenzeiger fehlt seit Wochen.

Es fristet trostlos, gleich daneben,
die Taschenuhr ihr ödes Leben.
Einst trug sie ein Premierminister,
danach ein Papst, dann ein Magister.

Verzagt klappt sie den Deckel zu,
sie findet nicht die rechte Ruh´,
die sie im Uhrwald kraftlos sucht,
weil nebenan die Schachuhr flucht.

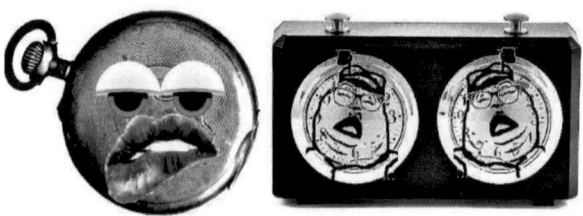

Nicht weit hängt eine Kuckucksuhr,
doch fehlt vom Kuckuck jede Spur.
Der Kuckuck hat sich wohl verpisst,
weil ihn die Sanduhr ständig disst.

Die Sonnenuhr weilt auf der Wiese
und hofft auf eine frische Brise.
Sie möchte gern der Sonne trotzen,
statt ständig nur hinein zu glotzen.

Der Armbanduhr ist es zu warm,
sie sucht verzweifelt einen Arm,
der sie in Baumes Schatten bringt,
bevor der Schweiß ins Uhrwerk dringt.

Doch findet sie nur eine Spur
von einer alten Eieruhr.
Die stand bei Cäsar in der Küche,
dem Raum antiker Wohlgerüche.

Es läuft ganz ohne einen Halt
die Stoppuhr durch den Uhrenwald.
Sie will den Weltrekord erringen
und damit beste Leistung bringen.

Ein Küchentimer denkt bei sich:
„Die Stoppuhr hat wohl einen Stich!?"
Er setzt die Stechuhr in Betrieb
als frech gemeinten Seitenhieb.

Die Wanduhr und der Uhrenwecker,
sie halten sich für wahre Checker.
Die Bahnhofsuhr, sie weiß es besser,
denn sie verehrt den Höhenmesser.

Die Smartwatch, sie läuft autonom,
denn hier im Wald gibt´s keinen Strom.
Drum kann die Zeitschaltuhr nicht laufen,
sie kann den Strom hier nirgends kaufen.

Dem Nachbarn geht es ebenso,
das ist das Uhrenradio.
Es hat schon längst an sich entdeckt,
dass es nicht spielt und auch nicht weckt.

Ein Chronometer glaubt zu wissen,
wie sich zwei Wasseruhren küssen.
Drum will er zu „Gefragt - Gejagt",
weil solchen Quatsch man dort erfragt.

Der Sanduhr ist dies Wissen Latte,
weil jener Sand, den sie einst hatte,
im Stundenglas verschwunden ist,
was sehr an ihren Nerven frisst.

Im Uhrwald läuft seit Jahren schon
die Lebensuhr, ganz ohne Ton.
Doch musst Du röcheln und schwer schnaufen,
dann droht sie bei Dir abzulaufen.

# TICK-TACK
# BIMBAM KLICK-
# KLACK

**Verse ohne Sinn: „Die alten Griechen"**

*Sophaklex* sprach unverblümt:
„Ich weiß, dass es sich nicht geziemt,
dass *Euredicke* nackt rumläuft
und statt des Mets nur Ouzo säuft.

Auch *Arschimedes* schrie entsetzt:
„Sie hat mein Schamgefühl verletzt!"
Er aß grad einen Schweinefuß
als Mittagsmahl in Syrakus.

„Ihr hab doch alle eine Meise",
rief *Aristorteletts*, der Weise.
„Auch *Aphrotitte* war stets nackt.
So stehts geschrieben, das ist Fakt!"

*Arschilles* ruft: „Das stört mich nicht,
das fällt bei mir nicht ins Gewicht."
An seiner Ferse kratzt er heiter
und zieht beschwingt nach Troja weiter.

*Diogenass*, in seiner Tonne,
trank grad ´nen Schoppen voller Wonne
als *Euredicke* sich entblößte,
wonach er trunken weiter döste.

Weil *Ohrfeus* in der Unterwelt
von diesem Aufruhr gar nichts hält,
meint er in Richtung *Euredicke*:
„Du bist und bleibst ´ne geile Zicke!"

*Heraklitz*, ein Philosoph,
begründet grad in Ephesos
den nächsten irren Denkansatz
bei aufgesperrtem Hosenlatz.

„Selbst *Heraklitz* fehlt jede Scham",
schreit jetzt *Prummetheus* voller Gram.
„Mit off´ner Hose nachzudenken,
das soll er sich gefälligst schenken!"

Nun naht heran *Doc Ässculap*
mit dem berühmten Schlangenstab.
Er will die Nackten und die Geilen
mitsamt der Schlange eilends heilen.

Und *Ikaross* im Überflug,
dem ist das Chaos Grund genug,
die Zeit mit Fliegen zu verkürzen,
ihm droht jedoch herabzustürzen.

Doch *Hermeskeil*, der Götterbote,
bekannt auch als Paket-Chaote,
packt *Ikaross* mit seinen Händen,
um dessen Absturz abzuwenden.

*Pückmalion*, ein Zypriote,
Verfechter der Nudistenquote,
behaut aus Bimsstein grad ein Bildnis,
das zeigt „Die Nackte in der Wildnis".

Er ruft: „Die alten Pharisäer
und Heimlich-Gerne-Nacktheit-Späher,
sie heucheln, die Moral zu schützen,
obwohl sie selbst im Glashaus sitzen!"

*Gott Zeus*, der auch die Nacktheit schätzt,
ist von dem Treiben recht entsetzt.
Den Donnerkeil in seiner Hand
hat er fünf Blitze ausgesandt.

Die sollen jetzt die Meute blenden,
um ein Gemetzel abzuwenden.
Dann ruft *Gott Zeus* den Frieden aus:
„Ein jeder gehe jetzt nach Haus!"

So hat man wieder mal erfahren,
wie es schon immer war seit Jahren:
„Gewitter reinigt jede Luft
und jeder Streit ist schnell verpufft."

Auch *Euredicke* muss die Füllen,
wie Zeus empfohlen, nun verhüllen:
„Dann zieh ich eben um nach Theben,
dort tobt das wahre Lotterleben!"

**Nicht ganz bei Trost**

**Verse ohne Sinn: „Animalische Modenschau"**

**Ein** Känguru im Minirock
fragt Edgar den Gazellen-Bock,
ob der vielleicht ganz unbeschwert
mit ihm mal Straßenkreuzer fährt.

„Sehr gern!", ruft Edgar unverhohlen,
„doch hat man mir das Teil gestohlen.
Der Umstand hat mich sehr verdrossen,
der Wagen war nicht abgeschlossen."

**Ein** Warzenschwein im Abendkleid
ist allzu gern zum Tanz bereit
mit Kunibert dem Löwenmann,
weil er gut Tango tanzen kann.

Der Löwe denkt sich: „Welch ein Simpel,
ich tanz doch Tango nicht im Tümpel,
in dem das Warzenschwein sich suhlt
und dreist um meine Tanzkunst buhlt.“

**Den** Ziegenbock im Schottenrock
ereilt im Schnee ein Kälteschock.
Sein Dudelsack stöhnt auch recht kläglich,
korrektes Dudeln scheint nicht möglich.

Und trotzdem drückt der Bock beflissen
recht kräftig auf das Dudelkissen.
Die Ziegen nehmen schnell Reißaus,
sein Dudeln ist kein Ohrenschmaus.

**Ein** Zebra trägt Tirolerhut,
ihm steht der Hut verblüffend gut.
Es kommt grad vom Oktoberfest,
im Fell klebt noch ein Weißwurstrest.

Es hat dort 3,4 Mass getrunken
und drum nach Alkohol gestunken.
Der Zoodirektor hat´s ergriffen,
das Zebra hat ihn ausgepfiffen.

**Es** schnürte sich die Winterschuh
ein rosaroter Kakadu.
Er will mit Skiern Loipen laufen,
doch muss er erst die Skier kaufen.

Die Skier sind nicht sehr erschwinglich,
der Hang zum Sport jedoch ist dringlich.
Er mietet welche bei Herrn Specht,
bei dem er nur die Hälfte blecht.

**Ein** Pfeilgiftfrosch im Unterhemd,
der sich grad seine Locken kämmt,
hat plötzlich eine Laus entdeckt,
die dreist in seinen Haaren steckt.

Er nimmt den Pfeil, verschießt das Gift,
das sehr gekonnt die Kopflaus trifft.
Die Laus ist nun dahingerafft,
ein Hoch auf solche Pfeilgiftkraft.

**Ein** Regenwurm im Regenmantel
schiebt vor sich eine Fitness-Hantel.
Die Muskeln will er damit stählen
(er könnte auch ein Laufband wählen).

Das Laufband sei ihm eine Qual,
da er nur kriecht, zu radikal.
Es würde ihn vom Laufband fegen,
das käme ihm sehr ungelegen.

**Ein** Biber, der Gamaschen trägt
und grade einen Baum ansägt,
bemerkt in seichtem Schlammgewühl
der Bachlauf sei erschreckend kühl.

Zum Ufer klettert er empor,
weil er an seinen Füßen fror.
Die sind umrankt von Algenkraut,
auch die Gamaschen sind versaut.

**Ein** Nilpferd mit ´nem Büstenhalter
zeigt einem Erdmann namens Walter
was unter jenem Halter steckt.
Das hat den Erdmann sehr erschreckt.

Der Erdmann gibt gleich Fersengeld,
weil nichts ihn bei dem Nilpferd hält.
Mit seiner blauen Pudelmütze
läuft er verschreckt durch jede Pfütze.

**Ein** Schlangentier im Wollpyjama
trifft auf ein frisch frisiertes Lama.
Sein Fell, es scheint recht bunt gegelt,
wobei das Lama laut krakeelt:

„Den Look hat ein Coiffeur behandelt
und mich per Tönung arg verschandelt.
Mir scheint, der Typ war ein Idiot,
mein Fell glänzt jetzt in rosarot."

**Ein** Pinguin im Baby-Doll
hat von dem Zoo den Schnabel voll
in dem er Tag für Tag stolziert
und jeder Zoo-Gast auf ihn stiert.

Ein Eisbär in Bermuda-Shorts
bemerkt: ... „dass wohl auch andernorts
die Zoobesucher Faxen machen
und über uns als Tiere lachen."

**Ein** Nacktmull mit Designerbrille
nutzt unbefangen eine Zwille,
beschießt ein Faultier mit Gemüse,
dem geht darauf die Faultierdüse.

Das Faultier ist ansonsten friedlich,
doch dieser Angriff war nicht niedlich.
Es klaut dem Nacktmull seine Zwille
und schießt auf die Designerbrille.

**Ein** Krake, der im Nachthemd krakt,
hat seine Krabbenjagd vertagt.
Er hat Probleme mit Lactose
und in den Armen tobt Arthrose.

Ein Hai vernimmt des Kraken Leid
und ist nur allzu gern bereit,
sich dieses Kraken zu erbarmen.
Er frisst ihn auf mitsamt den Armen.

**Ein** Flughuhn, das mit Grazie trumpft,
ist modisch fit und netzbestrumpft.
Den Job, den macht es froh und heiter
bei Chicken-Air als Flugbegleiter.

Ein Marabu in Adiletten
ist sehr geschwächt durch die Tabletten,
die ihm das Flughuhn offerierte
als er vor Flugangst kollabierte.

Ob dieses Huhns und seiner Güte
benötigt er die Brechreiztüte.
Mit Macht da streben die Tabletten
als Auswurf auf die Adiletten.

**Was** ich als Jux hier illustriert,
ist nicht in Wirklichkeit passiert.
Kein Tier wird sich an Kleidung binden,
es wird auch nackt sein Tierwohl finden.

## Nicht ganz bei Trost

**Schlussbemerkung der Autorin:**

In meinem 8. Buch geht es wieder hoch her. Sie als Leser*innen haben bestimmt gedacht, die Autorin ist nicht ganz bei Trost. Doch gerade die gereimten Anekdoten sind es, die mich beim Schreiben immer wieder selbst zum Lachen bringen. So vergesse ich einige Zeit alle Sorgen, die wir alle wohl in diesen schwierigen Zeiten verspüren. Gleichwohl haben Sie recht, wenn Sie sagen: „Wie kann man nur solchen Blödsinn verfassen?" Ganz im Vertrauen, ich wundere mich ab und an über mich selber. Aber der Spaß an der Sache verleitet mich immer wieder dazu, dem Hobby des Dichtens nachzugehen. Wenn es Ihnen gefallen hat, ist dies das schönste Lob. Dennoch weiß ich: **„Ich bin nicht ganz bei Trost!"**

**Besonderer Dank gilt an dieser Stelle** meinem besten Freund, Michael Cammarota, der einige lustige Zeichnungen beisteuerte und der die Lektorentätigkeit für dieses Buch übernahm.

**Melda-Sabine Fischer im Juni 2025**

Weitere Gedichtbände sind bereits unter
meinem Namen und unter dem Haupttitel
„Das wahre Leben" erschienen:

## Untertitel:

Buch 1    Total verrückt und doch echt
          ISBN 9783743149458
Buch 2    Der Wahnsinn geht weiter
          ISBN 9783752835007
Buch 3    Das Chaos ist perfekt
          ISBN 9783749422746
Buch 4    Der Irrsinn kehrt zurück
          ISBN 9783751903219
Buch 5    Schwachsinn ohne Grenzen
          ISBN 9783753495484
Buch 6    Neue Albernheiten
          ISBN 9783756229918
Buch 7    Humor ist, wenn man trotzdem lacht
          ISBN 9783756229918

Alle Werke sind im Taschenbuchformat oder
als E-Book bei meinem Verlag sowie im
Buchhandel (auch online) unter Angabe der
ISBN-Nummern bestellbar.

*Verlag:  BOOKS on DEMAND (www.bod.de)*